Auxiliando a humanidade a encontrar a Verdade

Natureza

Onde reinam os orixás

Natureza

Onde reinam os orixás

Vovó Benta

CONHECIMENTO EDITORIAL LTDA.
Rua Prof. Paulo Chaves, 276 - Vila Teixeira Marques
CEP 13480-970 – Limeira – SP
Fone/Fax: 19 3451-5440
www.edconhecimento.com.br
vendas@edconhecimento.com.br

Revisão: Mariléa de Castro
Projeto Gráfico: Sérgio Carvalho
Ilustração da Capa: Banco de Imagens

ISBN 978-85-7618-157-6 – 1ª Edição - 2012

• Impresso no Brasil • Presita en Brazilo

Produzido no departamento gráfico da
EDITORA DO CONHECIMENTO
Fone: 19 3451-5440
e-mail: conhecimento@edconhecimento.com.br

Dados Internacionais de Catalogação na Publicação (CIP)
(Câmara Brasileira do Livro, SP, Brasil)

Benta, Vovó (Espírito)
Natureza - Onde reinam os orixás / Vovó Benta [psicografado por Leni W. Saviscki] – Limeira, SP : Editora do Conhecimento, 2012.

ISBN 978-85-7618-157-6

1. Carma 2. Mediunidade 3. Orixás 4. Psicografia 5. Reencarnação 6. Umbanda (culto). I. Saviscki, Leni W. II. Título.

12-05920 CDD – 299.672

Índices para catálogo sistemático:
1. Mensagens mediúnicas psicografadas dos Pretos velhos : Umbanda : Religião 299.672
2. Preto velhos : Psicologia : Mensagens mediúnicas psicografadas : Umbanda : Religião 299.672

Vovó Benta

Natureza
Onde reinam os orixás

Psicografado por

Leni W. Saviscki

1ª edição
2012

Dedico este trabalho à umbanda e a todos os irmãos umbandistas que me servem de exemplo, de orientadores e incentivadores, nesta sala de aula chamada "vida", onde ainda sento no último banco.

Eu sou a Natureza, mãe das coisas, senhora de todos os elementos, origem e princípio dos séculos, suprema divindade, rainha das Manes, primeira entre os habitantes do céu, tipo uniforme dos deuses e das deusas. Sou eu cuja vontade governa os cimos luminosos do céu, as brisas salubres do oceano, o silêncio lúgubre dos infernos, potência única; sou pelo Universo inteiro adorada sob várias formas, em diversas cerimônias, com mil nomes diferentes.

LUCIOS APULEIO

A matéria é constituída pelos quatro elementos e pode ser submetida ao amor, para uní-los, e à discórdia, para separá-los.

EMPÉDOCLES

Os quatro elementos formam a base original de todas as coisas, compondo o corpo não por aglutinação, mas por transformação e união.

FRANCIS BARRET

O umbandista não precisa de uma catedral, como só o gênio humano é capaz de construir. Só precisa de um pouco de natureza, como Deus foi capaz de criar.

PAI RONALDO LINARES

Quem teria o poder de colocar um punhado de argila no coração da terra e através da ação do fogo, transformá-la em formosa ametista de alto valor?
Quem colocaria certa quantidade de carvão nas entranhas do solo e, mediante a combinação do fogo e a pressão dos montes e das rochas, transformar esse carvão em resplandecente diamante que vai fulgurar na coroa dos reis ou no diadema dos poderosos?
Quem regula a natureza, sem jamais cometer engano, determinando que as ondas do mar se quebrem na praia à razão de 26 por minuto, tanto na calma como na tormenta?
O oxigênio e o hidrogênio, ambos sem cheiro, sem sabor e sem cor, combinados com o carvão, que é insolúvel, negro e sem gosto, resulta no alvo e doce açúcar.
Muitas coisas acontecem na natureza sem que tenhamos um mínimo de sensibilidade para perceber.

AUTOR DESCONHECIDO

Sumário

Mensagem inicial

Esta negra velha hoje relembra, saudosa, de uma de suas tantas encarnações em que, vivendo no campo, junto à natureza, gostava de acordar cedo e observar o Sol despontando por entre as verdes montanhas. Naqueles momentos, despertava em nós a ânsia de compreender algo que já existia nos recônditos de nosso ser, mas de que a falta de instrução impedia de desabrochar em nível físico.

De alguma forma, compreendíamos que quando o Sol despontava no horizonte, inundando a Terra, queria mostrar que, por mais densa e fria que fossem as brumas da noite sempre seriam vencidas pela luz e calor do astro-rei.

Hoje, a experiência nos possibilita observar que assim também se faz quando a luz do esclarecimento se derrama sobre as consciências dos filhos da Terra. Tal como o Sol, ele vem clarear a escuridão da ignorância e, consequentemente, permitir que essas mentes possam evoluir, seguindo a programação do Mundo Maior.

Esta negra velha não despreza a humildade nem a pouca cultura do benzedor que vive na roça ou no bairro humilde. Pelo contrário, bendiz essas almas abnegadas que se doam incondicionalmente. Tampouco, desvaloriza a grande caridade prestada até hoje por todos aqueles que, mesmo iletrados, mas amorosos, conduziram os rumos do espiritualismo na Terra.

Mas não podemos nos furtar de dizer aos filhos que nosso coração palpita feliz quando conseguimos repassar as mensagens e elas são perfeitamente traduzidas, por encontrarem condição propícia em vossas mentes, educadas pela boa leitura.

Não desprezem o aprendizado, mesmo quando a finalidade é manter tradições ou culturas. Nada neste mundo de meu Deus fica estagnado; tudo se move numa constante necessidade de progresso. E está aí o desvendar do "véu de Isis", que nos faz compreender a grandiosidade do Projeto Divino para nosso planeta azul. Atentem para as oportunidades de esclarecimento e observem que hoje é o dia de crescer. Quanto ao amanhã, deixemos para Deus o que só a Ele pertence.

Quando escolhemos labutar nas fileiras da umbanda, o fizemos juntamente com outros tantos espíritos, assumindo o comprometimento de difundir ensinamentos, e principalmente desmistificar os condicionamentos mentais ainda existentes na época, que dificultavam o entendimento das coisas simples.

Não é mais admissível que essa religião seja tão deturpada, e até temida por alguns, em decorrência da prática inadequada de médiuns incautos que usam seu nome, bem como o dos orixás, para satisfazer suas necessidades materiais excêntricas. Umbanda não possui dogmas, não tem mistérios nem segredos. Umbanda é simples e só faz o bem, através da caridade, utilizando os elementos da natureza para fazer magia e combater as trevas. Tudo o que sair fora desse parâmetro, meus filhos, sai fora da umbanda.

Alegra-nos, portanto, compartilhar de mais estes escritos que, na sua simplicidade, repassam uma mensagem a quem tem olhos de ver, desejando aos filhos que a luz se faça em suas mentes, a fim de que se acelere o resplandecer e a autonomia de seus espíritos eternos.

Saravá à nossa banda!

VOVÓ BENTA

Enquanto dormimos

> À noite, quando a maioria das pessoas está dormindo, diversas falanges espirituais se desdobram em trabalhos socorristas de assistência à humanidade encarnada. Em razão do sono, da queda natural do metabolismo e das ondas cerebrais, o corpo espiritual desprende-se naturalmente do corpo físico.
> Aproveitando-se desse fato natural e inerente a todo ser humano, muitos amigos espirituais trabalham nessa hora da noite retirando essas pessoas do seu corpo físico, dando um toque sensato a elas diretamente em espírito, ou simplesmente trabalhando as energias do assistido com mais liberdade, a partir do plano espiritual da vida.
>
> FERNANDO SEPE

Com esse sensato toque, aproveito para esclarecer aos leitores que o recebimento das mensagens de Vovó Benta geralmente se dá durante o sono de corpo físico, ficando armazenadas em nosso mental até que brotem espontaneamente no momento em que nos disponibilizamos a escrever.

Algumas passagens deste livro poderão parecer, para algumas pessoas, apenas contos sem muito sentido, o que é perfeitamente compreensível se considerarmos que a maioria da humanidade ainda se detém apenas ao que lhe é palpável.

No percurso evolutivo, muitos de nós criticamos um dia coisas que depois aceitamos e que passam a fazer parte de nossas vidas. Da mesma forma, aceitaremos amanhã idéias que hoje nos são abomináveis, tão-somente porque ainda nos são incompreensíveis.

Meu desejo é que cada leitor possa extrair deste livro o que lhe serve para evoluir, deixando o restante apenas como letras gravadas no papel.

Que Vovó Benta e todos os nossos orixás, possam abençoá-los

LENI W.S.

Introdução

O ciclo das águas

Para compreender como as forças da natureza interagem – o que nos auxiliará a entender a manifestação dos orixás –, basta que nos lembremos de como a natureza atua.

Exponho a seguir o que chamo de ciclo das águas para ilustrar a manifestação dos sete orixás básicos na natureza, e incluo Nanã, a fim de que todos possam compreender melhor porque a menciono como "Senhora das Águas Originais".

Nascendo numa mina, a água (Nanã) rola pelas pedras (Xangô), em queda, formando uma cachoeira (Oxum), que corre pela terra (Omulu), germinando-a para o nascimento das árvores (Oxóssi). Indo desaguar no mar (Iemanjá), sob o aquecimento do Sol (Ogum), que provoca a evaporação e precipitação na terra em forma de chuva (Iansã), a água reinicia assim o seu processo.

O culto a essas forças que agem e interagem de forma absolutamente harmônica chama-se umbanda. Caridade e amor ao Pai, criador de tudo; amor e respeito à natureza e a tudo que nela existe.

Mãe Iassan A. Pery

Juju

O menino Juju cresceu; transformou-se num jovem saudável e feliz, além de estudioso e médium atuante na seara umbandista. Havia algum tempo, deixara de ser o "camboninho" de Vovó Benta, para ser mais um de seus protegidos filhos do terreiro.

Além do interesse por livros instrutivos, o jovem Juliano aprimorava seu conhecimento espiritual nas constantes viagens astrais junto ao grupo de médiuns, realizadas durante o sono do corpo físico. Amparados por protetores do mundo espiritual, eles se deslocavam em corpo energético às paragens do Astral em missão de aprendizado e auxílio.

Os médiuns que participavam desse grupo, chamado carinhosamente de "voadores", não foram escolhidos por acaso, mas sim por afinidades vibratórias e necessidades cármicas. Todos eram espíritos que já haviam obtido o conhecimento, treinamento e experiências em projeção de consciência[1] em encarnações passadas, facilitando assim a missão a que se propunham no presente.

Seus espíritos vivenciariam nas próximas noites aprendizados fundamentais em ambientes paradisíacos; experiências incomparáveis a qualquer outro tipo de diversão terrena a que

---

1 Capacidade que todo ser humano tem de projetar sua consciência para fora do corpo físico. Chamada também de viagem astral, projeção astral, experiência fora do corpo, desdobramento ou emancipação da alma.

os jovens de sua idade estão acostumados a viver nas noites embriagantes do plano terreno, onde desgastam a vitalidade de seus corpos em noitadas regadas a álcool, sexo e conversas inúteis.

O fato de Juliano, bem como os demais jovens, trabalharem num terreiro de umbanda já era motivo de discriminação por alguns colegas e amigos, quando não, pela própria família. Mas o que nem eles mesmos compreendiam, é que, embora reencarnados na Terra, a ela pouco pertenciam. Ansiavam por reabilitar as asas que um dia os levariam de volta às suas origens. É possível que ao longo da viagem, alguns deles tivessem se perdido no vôo, deixando-se levar por correntes incertas de vento. Outros talvez tenham escolhido "descer" para auxiliar os que ficaram para trás. Todos, porém, retornariam um dia, quando suas asas novamente adquirissem capacidade de alçar o vôo da liberdade. A eles caberia treinar muito, reaprender lições e refazer conceitos.

Graças ao Todo Poderoso, o que não faltava era instrutores para os amparar, sonhos para sonhar, nem ares para voar.

Encontro com o Caboclo Pery

A tempestade novamente se avizinhava, como acontecia há vários dias, sempre ao entardecer. Após um dia quente, o céu escurecia repentinamente, seguido de intensos raios e trovões assustadores que anunciavam o vendaval e a chuvarada que se alongaria pela noite.

Os meios de comunicação anunciavam que o fenômeno se dava na região por vários fatores atmosféricos, enquanto as autoridades buscavam recursos nos órgãos públicos para auxílio aos desabrigados.

– Juliano, meu filho, fecha essa janela ou o vento vai levantar nossa casa e nos levar pelos ares! – gritava dona Maria, que se preocupava com o filho, ainda moço, mas tão diferente dos demais de sua idade.

– Onde já se viu alguém gostar de tempestade, raios, trovões, vendaval? Quando não, inventa de sair na chuva sem abrigo algum, e volta para casa todo encharcado, sorrindo como uma criança sapeca – queixava-se para a vizinha.

– Vai ver ele é filho de Iansã – respondia dona Amália, em tom de brincadeira.

– Eu não entendo dessa religião que ele escolheu. Embora eu a respeite, porque lhe fez bem, preferia que ele rezasse mesmo era para Nossa Senhora, em vez desses tais de orixás...

Juliano recolheu-se ao leito, deixando a cortina aberta para observar por mais tempo a chuva intensa que batia na janela. Vez ou outra, a escuridão do quarto era rompida por fortes raios. E assim adormeceu, após agradecer pelo dia que terminara e pela noite que se iniciava.

Sem demora, seu quarto iluminou-se novamente, não pelos raios, mas pela presença de uma entidade espiritual que costumeiramente o buscava em corpo energético para as tarefas que haviam assumido ainda em outros tempos. Tratava-se de um antigo e querido amigo de épocas remotas que preferira ficar no plano espiritual enquanto Juliano estivesse na matéria, a fim de auxilia-lo quando na idade adulta.

Um leve estremecimento, e o rapaz separava-se do corpo físico, levantando do leito em desdobramento sonambúlico.

– Salve, meu amigo Juju! – era assim recepcionado por Pedro Henrique, a quem chamava carinhosamente de Pepê.

– Pepê, onde vamos hoje? Tenho vontade de ficar andando na chuva...

– Folgado! Nada de moleza, vamos que o trabalho nos aguarda.

Em pouco tempo, projetaram-se no espaço e, após ultrapassarem as camadas mais densas, os dois aportaram em local já conhecido, no meio de um maravilhoso bosque situado no plano astral, onde mais alguns membros do grupo aguardavam para que se iniciasse a reunião que seria comandada por vários orientadores espirituais. Nesse dia, receberiam a visita de alguém muito especial que era aguardado ansiosamente pela sabedoria e amor que sempre traduzia em suas mensagens enviadas ao grupo, quando no trabalho mediúnico realizado no terreiro de umbanda onde alguns deles trabalhavam.

Olhos atentos e corações palpitantes, já podiam sentir a irradiação do ambiente e a presença daquele ser, embora ele ainda não tivesse se materializado de forma visível. Compreendiam que a dificuldade se dava justamente pela diferença vibratória e energética que os separava, pois ainda eram espíritos ligados à matéria densa e, portanto, bastante limitados. Aos poucos, junto com uma suave brisa e acentuado perfume silvestre, foi se delineando no ambiente uma iluminada forma humana que transformou-se num homem alto e forte, trajando alva túnica muito simples, que descia até os pés, bordada suavemente nas extremidades por fios esverdeados. Seus cabelos escuros, lisos e longos, caídos sobre o ombro direito numa trança única enfeitada por penas brancas contrastava com a tez morena e os olhos cor de mel. A mão segurava firme um bastão de madeira de sua altura.

Embora a seriedade dos traços o fizesse transparecer um tanto sisudo, a serenidade que transmitia refletia em sua aura e alcançava a todos, impregnando de amor e emoção o ambiente. Dirigindo-se aos presentes, sua voz mais parecia um mantra que ecoava suave, mas firme:

– Meus amigos e irmãos, que Tupã, o grande Pai nosso, o senhor do tempo e do vento, vos ilumine as consciências.

Nesse momento, aquilo que era uma suave brisa transformou-se num sopro mais forte que invadiu a todos internamente, causando leve estremecimento, ao mesmo tempo em que podiam sentir a consciência ampliar-se, obedecendo às palavras mágicas daquele caboclo de Oxóssi. A vontade que todos sentiam era de atirar-se aos seus pés para absorver bem de perto aquela benéfica vibração.

Como que atendendo ao mudo pedido daqueles irmãos sedentos de luz, Caboclo Pery aproximou-se, sinalizando para que todos se sentassem no chão junto dele, e prosseguiu com palavras brandas, mas certeiras:

– Filhos, a mesma necessidade que vos traz aqui para cumprir uma tarefa, também nos leva a outras paragens para acalmar nossa sede. E só existe um grande manancial que nos sustenta, estejamos onde estivermos no grande Universo. Dele provém toda a sabedoria que nos compete absorver e redistribuir com muita humildade, amor e responsabilidade.

Venho até vós, não como mestre, mas como aprendiz que ainda sou, trazendo um pouco do muito que recebo. O que nos diferencia neste momento é a matéria que ainda vos cobre o espírito e que vos limita os sentidos. Ainda sois crianças na Terra, enquanto este caboclo, espírito mais antigo, cumpre missão fora da carne, e por escolha e graça de Deus justamente nestas terras brasileiras que nos serviram de berço em várias e riquíssimas experiências.

A humildade daquelas palavras deixava ainda mais extasiados a todos que o ouviam. Era perceptível o nível evolutivo que os distanciava. Claro está que quem portava agora aquela aparência de humilde caboclo, não era mais o indígena de outrora. Ali, diante de todos, estava um espírito que, embora demonstrasse tanta simplicidade, já alcançara patamares acima do mundo astral, que recebe espíritos comuns após o desencarne terreno.

Em outra oportunidade, o grupo obteve a informação, pelos instrutores de que o local onde se encontravam naquele momento localizava-se no limite máximo onde podiam alcançar seus corpos energéticos, conforme o seu nível evolutivo. Contudo, para descer das escalas superiores, Caboclo Pery precisava plasmar um corpo astral[1] a fim de que pudesse manifestar-se e tornar-se visível a eles, pois estando na condição de mentor espiritual, já não possuía este primeiro envoltório que cobre o corpo espiritual, após o desencarne. Por esse motivo, suas manifestações em nível de terreiro se dão através da irradiação mental, mas nem por isso, é menos perceptível que a presença dos protetores que ainda possuem o corpo astral e se fazem mais próximos da matéria dos médiuns. Por outro lado, suas emanações mentais, de alto teor vibratório, quando irradiadas através do médium, inundam o ambiente transformando-o indescritivelmente.

– Estareis entrando numa etapa de experiências extracorpóreas em que tereis a oportunidade de compreender melhor os orixás, essas emanações divinas que nos regem como habitantes do planeta Terra – prosseguiu Caboclo Pery.

– Nenhum aprendizado se faz de forma mais interessante do que o vivenciado pelos sentidos. Com base nisso, o projeto deste estudo com o grupo de medianeiros vai calcar-se em aulas práticas, dentro do reino de cada enviado de orixá, ponto de força, sítio vibratório ou local de manifestação terrena dessas forças supremas.

Em alguns momentos tereis oportunidade de adentrar ambientes do mundo astral onde se originam as forças da na-

1 Espíritos já sem forma, libertos do carma causal do plano astral, podem criar novos corpos astrais, chamados de *corpos de ilusão* e que são temporários, somente para manifestação no plano astral. O fazem graças ao poder de suas disciplinadas mentes que reúnem e aglutinam elementos dos planos de onde se originam. Esses *corpos de ilusão*, são desfeitos após seu uso pela entidade, para evitar que se tornem "cascões astrais" e sejam indevidamente vitalizados e usados por entidades trevosas.

tureza que se manifestam no planeta através das chuvas, raios e trovões, ventos etc, fenômenos necessários à manutenção da vida sobre a Terra e que são proporcionados por essas irradiações. Quando em corpo físico, andando sobre a crosta terrestre, só presenciais os fenômenos que se dão em nível material, pela limitação natural ainda predominante nos homens que vos impede de captar toda exuberância, beleza e poder existente na sua essência legítima. Em outros momentos, estarão literalmente dentro dos sítios sagrados da natureza onde atuam os orixás, observando a movimentação e o trabalho que acontece no lado energético desses ambientes e que passa despercebido ao homem encarnado.

Para isso, cada um de vós que aqui se encontra foi preparado arduamente, tanto em nível físico quanto espiritual. Observando vosso histórico cedido pelos abnegados instrutores que vos guiam, soubemos que o projeto ora em execução originou-se há longo tempo, quando muitos ainda ensaiavam esta encarnação na Terra.

Este caboclo que vos fala não será nada mais do que um incentivador e colaborador em todos os aspectos. É por isso que estou aqui. Quem vos direcionará aos ambientes sagrados para a vivência e observação das essências dessas energias serão os mesmos que, noite após noite, vos buscam no leito e vos conduzem às experiências instrutivas do mundo espiritual.

Como o fator "experiência" conta bastante, queremos vos incentivar à disciplina tanto mediúnica como pessoal, a partir de agora. Nenhuma conquista se dá sem o esforço. Para tanto, conclamo-vos a usardes vossas energias físicas de forma positiva, reeducando-vos nas atitudes diárias. Sabeis que o que é sutil fica leve e pode "subir", como também que o que é denso, pesa e obviamente gruda ao solo pela atração magnética negativa existente no centro do planeta. Dessa forma, meus caros medianeiros, procurai orientar-vos pelo bom senso e, sobretudo, pelos bons ensinamentos desses guias orientadores. Cuidai desde àquilo que entra pela vossa boca até o que sai dela. Cuidai da higiene mental, observando melhor os pensamentos, força geradora de tantos milagres ou desastres. Cuidai de vossos corpos, templo sagrado do espírito, evitando adquirir doenças por descuidos ou aplicação inadequada de vossas forças. Observai melhor vossa alimentação e abstei-vos de todos os vícios, portas abertas à infiltração de forças menores e tormentosas. Evitai ambientes danosos a vossas energias sagradas, e não descuideis dos sentimentos. Doai-vos à caridade de forma humilde e amorosa. Coração cheio de mágoa não tem lugar para o amor, e sem este sentimento, não há como interagir com o Sagrado, pois o amor, e tão-somente o amor, aliado à caridade desinteressada, será a senha que vos permitirá adentrar na essência dos sítios sagrados dos orixás, sem macular ou interferir neles.

À medida que falava, irradiavam do alto de sua cabeça finíssimos raios prateados, semelhante a um cocar luminoso. Pela sua natural humildade, ao perceber isso, silenciava por instantes e respirava fundo até que novamente a luz se recolhesse.

– Lembrai-vos de que nada é impossível a quem persevera e se esforça. Estais na matéria, e como todos os homens ainda a ela sujeitos, viveis num turbilhão de energias desorientadas, causando inúmeras dificuldades em manter uma vida reta, como vos incitou este caboclo. Porém, as facilidades do mundo têm sido a perdição da humanidade e para ascender é preciso que se façam escolhas. Escolher permanecer joio, cujas sementes são levadas pelo vento à revelia e que só fazem sufocar a boa semente, ou ser trigo, cujos grãos dourados se deixam balançar pelo vento, mas permanecem na espiga à espera da colheita no momento certo. Sua semente sofre a ação da terra e da água para transformar-se em galhos verdes que produzirão mais sementes, as quais também sofrerão a força da moenda que as transformarão em pão, saciando a fome dos homens. Portanto, meus amados, o que poderá vos parecer sacrifício, nada mais é do que a força da evolução. E não sofre por isso quem já optou pelo caminho da luz.

Em nome do Orixá dos orixás, nosso supremo Oxalá, este pequeno grão de areia que ainda represento vos abençoa e se despede, colocando-se à disposição para aquilo que nos for possível ajudar, bastando para tanto emitir um forte "Kiô".[2]

---

2 Brado emitido pelos caboclos de Oxóssi, quando chegam ao terreiro.

Com um iluminado sorriso, estendeu suas mãos sobre todo o grupo, de onde se irradiavam filetes de luzes douradas, magnetizando-os através do alto de suas cabeças, fazendo deslizar pela coluna vertebral uma sensação indescritível, como se uma suave corrente elétrica percorresse todo o corpo e os deixasse extasiados num verdadeiro "samadhi".[3]

Foi preciso longo tempo até que voltassem à consciência mais densa, dando-se conta de que a amorosa entidade já não se encontrava mais no ambiente. Após esse evento, os valorosos médiuns, reunidos com seus instrutores, prosseguiram nos estudos tão necessários ao seu aprimoramento, até que os primeiros raios da manhã anunciassem um novo dia nascendo. Hora de retornar ao corpo físico.

3 Êxtase espiritual; realização plena; iluminação; estado de união com o Divino.

Projeto em ação

Juliano e os companheiros do grupo haviam despertado pela manhã com apenas algumas lembranças do encontro com Caboclo Pery, mas na certeza de que estavam sendo preparados para um evento muito especial durante o sono físico. Nos dias que se seguiram continuaram suas tarefas mediúnicas nos terreiros de umbanda aos quais estavam ligados, sentindo-se mais do que nunca protegidos e aptos a servir de instrumento aos protetores que trabalhavam com eles.

De certa forma, os dirigentes dos terreiros também participavam do projeto espiritual e serviam de colaboradores, em nível terreno. Assim, eram intuídos e orientados a efetuar alguns preceitos necessários aos seus médiuns, a fim de mantê-los equilibrados durante o dia, enquanto no corpo físico.

Nas próximas noites, todos eles sentiam necessidade de dormir mais cedo do que de costume. Isso se dava, sem que percebessem, como medida para que o tempo em desdobramento sonambúlico fosse aproveitado ao máximo.

No dia demarcado pelos instrutores, seria iniciada a execução do projeto. Reunidos, na contraparte astral do maravilhoso bosque, receberam as ultimas instruções e puderam desfrutar ali mesmo da presença de companheiros encarnados em projeção astral, além de outros desencarnados, irmanados numa curimba harmônica,[1] louvando os sagrados orixás através do som, momento emocionante que levou às lágrimas todos os componentes do grupo.

Em seguida, assistiram um documentário sobre os elementos e seus respectivos elementais[2], que participavam junto com o homem da vida na Terra. A apresentação, que ocorreu como num filme cinematográfico, enfatizava a vida, o nascer e renascer, o vai e vem constante de todas as forças que formam a natureza. Assim, cenas deslumbrantes exibiam o elemento ***água*** ao nascer no seio da mãe terra e formar os rios que desaguam nos mares, dando vida por onde passa. O elemento ***fogo*** era demonstrado pelo atrito de duas outras forças, lambendo com suas labaredas o que é preciso transmutar e, nesse processo, apenas modifica a matéria, nunca exterminando-a. O elemento ***ar***, que desloca e movimenta forças para que saiam da estagnação, providencia que a vida se sustente na respiração. O elemento ***terra*** mantenedor da vida do homem encarnado, pois é de onde brota o seu alimento, enfim, todos irmanados para dar equilíbrio e condições de vida no planeta, sob o comando de forças supremas, ou melhor, dos orixás.

1 Curimba é o nome dado ao grupo responsável pelos toques e cantos sagrados dentro de um terreiro de umbanda.
2 Os quatro elementos (terra, água, fogo e ar) são as bases de toda existência material. Os espíritos que vivificam esses elementos se chamam ***elementais***, e são: as salamandras, através do elemento fogo, as ondinas e ninfas, através da água, os silfos e elfos, através do ar, e os duendes e gnomos, através da terra. Ainda temos os abissais, associados às rochas e cavernas, e as fadas que fazem a tansição entre os elementos ar e terra.
O elemento que os antigos denominavam genericamente de ***água***, a moderna ciência chama de Hidrogênio; o ***ar***, tornou-se Oxigênio; o ***fogo***, Nitrogênio, e a ***terra***, Carbono. Assim como a natureza visível é habitada por um infinito número de criaturas vivas, de acordo com Paracelso, também o Invisível, contraparte espiritual da natureza visível, composto de tênues princípios dos elementos visíveis, é habitado por seres peculiares chamados elementais ou espíritos da natureza.

Epa Babá

Oxalá criou a Terra
Oxalá criou o mar
Oxalá criou o mundo
Onde reinam os orixás!

Enquanto esse ponto cantado era ouvido no ambiente, um grande número de espíritos, tanto encarnados em desdobramento quanto desencarnados, se acomodava em poltronas confortáveis. Um perfume suave de incenso fazia sentir-se no ar, completando o aspecto de plena limpeza e organização do local. As paredes e os móveis brancos contrastavam com o chão mesclado em cores suaves, em tom de rosa, verde, amarelo, violeta e azul, iluminado que era por luzes que refletiam essas cores. O teto, de material transparente, deixava à mostra o lindo céu bordado de estrelas. A arquitetura chamava a atenção pela forma circular. O púlpito ficava no centro e as acomodações ao redor deste.

Acompanhados de seus tutores, os jovens do grupo retornavam às atividades. Aconchegados em suas poltronas, admiravam a beleza e paz do ambiente e, mesmo cheios de curiosidade, não ousaram perguntar nada para não quebrar o silêncio que era mantido por todos os presentes.

A música silenciou e, do alto, desceu um foco de luz violeta, desenhando no chão uma estrela de seis pontas com a inscrição: "O que está em cima é como o que está embaixo".

Depois disso, olhares ao alto, perceberam que o teto havia sumido e, junto com a brisa suave da noite, descia bem ao centro do ambiente uma névoa colorida que, ao se aproximar do chão, transformava-se na imagem de um homem. Apesar da simplicidade de suas vestes, era inevitável perceber a grandiosidade de seu espírito pela aura iluminada que irradiava. Ele saudou a todos com uma reverência e, fechando os olhos, ergueu as mãos aos céus, num gesto de agradecimento ao Criador.

Um burburinho e alguns movimentos quebraram o silêncio da platéia que agora se mostrava ansiosa. Alguns sorrisos e, em seguida, como na brincadeira do telefone sem fio, um nome foi passando de um a um: Caboclo das Sete Encruzilhadas. Seria ele mesmo? A indagação estava nos olhos de alguns, enquanto a certeza rolava, em forma de lágrima emocionada dos olhos de outros.

– Meus amados, agradeço ao Supremo pela oportunidade de estar aqui tão próximo de almas irmãs, com quem tenho tanta afinidade. Meu desejo é que os braços de meu coração possam abraçar a cada um, transmitindo-vos a paz e a bênção de Oxalá, porque é em nome Dele que aqui estou. Sendo assim, primeiramente quero vos convidar a visitar comigo o sítio vibratório desse orixá sagrado.

Nesse momento, os meninos do grupo se entreolharam, dando-se conta de que não haviam pensado onde e de que maneira se daria aquilo, já que o projeto visava a passar pelos sítios vibratórios dos principais orixás. Dentro de suas mentes martelava a seguinte pergunta curiosa: "Para onde iremos?".

– Solicito aos meus irmãos que fechem os olhos, aquietem a mente e vibrem amor, pois iniciaremos a viagem.

Acalmando a ansiedade, os meninos e os demais presentes entregaram-se à magnitude daquele momento e, mesmo sem saírem do lugar, estavam certos de que mentalmente estariam entrando noutra dimensão que lhes possibilitaria assistir algo inédito, de forma interativa.

– Abram os olhos! Chegamos. Sejam todos bem-vindos ao reino de Oxalá!

De maneira indescritível, suas mentes registravam os acontecimentos em tempo real, como se cada um deles estivesse participando da Criação, naquele exato momento.

No começo, parecia que um enorme turbilhão de matéria em estado inconcebível estava na mente de quem a percebia. Depois de determinado tempo, esse turbilhão solidificou-se, nascendo uma nebulosa. Através da força e vontade do Verbo Divino, essa nebulosa dava origem ao sistema solar e daí aos planetas.

Sua atenção foi direcionada exclusivamente para um deles: o planeta Terra. De início, o caos parecia ser a ordem desse novo mundo, impossibilitando a vida como a concebemos hoje, em que cada elemento, e seus elementais, tem seu ***habitat*** nos sítios vibracionais da natureza.

O Grande Espírito pairava sobre a superfície das águas, que preenchiam agora aquele mundo. Então a água, fecundada com Seu pensamento, tornou-se a madre geradora ou útero planetário, momento ímpar da criação, em que a matéria fora fecundada pelo Espírito, e Oxalá, preposto do Cristo Planetário, participava dessa criação no imenso laboratório das formas.

A vida na forma mais rudimentar foi se desenvolvendo e as dimensões foram sendo criadas. Elementos eram construídos a partir da atuação de mentes supremas, colocando neles uma força propulsora.

Mas para que o mundo se povoasse de criaturas, o tempo e as transformações foram os responsáveis diretos. Isso podia ser constatado por eles naquele momento, reconhecendo a verdade dessa transformação diante de seus olhos.Os elementos, depois de criados e experimentados, fundiam-se um no outro, como ainda se fundem hoje, quando a Terra, sendo por demais irrigada, se dissolve transformando-se em líquido; a água endurecida e condensada transforma-se em terra; a água, evaporada por aquecimento transforma-se em ar e se a água for queimada, transforma-se em fogo; o fogo quando se apaga, vira terra.

Encantados, assistiam a tudo, vivendo cada instante com plenitude. Para cada elemento, surgia um espírito elemental que o vivifica. Desde o início da vida na Terra, os seres da natureza agiam como coconstrutores de nosso planeta, e, uma vez encarregados de cada elemento, cuidavam para que tudo fosse feito com ordem e exatidão.

Prosseguindo, quando a Terra era ainda uma massa formada por gases de matéria incandescente radioativa, coube aos elementais do fogo executarem seu trabalho. Depois, veio a época dos grandes ventos, quando então os elementais do ar zelaram pela evolução desses gases de modo a tornar o ambiente apto a receber formas de vida. Quando esses gases se precipitaram sobre a água, os elementais da água modificaram o aspecto denso do líquido, dando início à solidificação, época em que surgiram aos poucos os continentes que foram fertilizados pelos elementais da terra.

Tudo tão real, tão divino e, sobretudo, tão atual, como se o tempo não houvesse passado. Diante disso, a frase dita por Jesus tomava sentido: "Vós também sois deuses!".

Captando essa mensagem irradiada da mente de alguns deles, com um olhar meigo e um doce sorriso a entidade reiniciou sua fala:

– Meus amados, sei da surpresa de alguns irmãos que esperavam que visitássemos um lugar específico, palpável, como o são os sítios vibratórios dos outros orixás e que de alguma forma estão ligados aos elementos da natureza. Porém, afirmo a todos vós que Ele existe, sim, um reino específico e este fica localizado no lugar mais lindo do Universo, ou seja, dentro do ser humano. Seus domínios são o mundo e sua atuação é em tudo e em todos. Por isso os conduzi a visualizar, conhecer ou, quem sabe, "reconhecer" o início da criação deste nosso imenso Universo e, excepcionalmente, de nossa "casa" planetária.

Oxalá é energia que movimenta todas as outras, que não se sustentariam sem Ele. Dele herdamos o sentido da "fé" que interliga desde a justiça divina, sua execução, a prosperidade e a vida, até os ciclos por que passamos. Assim como a criação deu-se graças à força do verbo ancorado na fé, nossa evolução e a sustentação da própria existência sobre o planeta só se mantém graças a ela.

Portanto, amados irmãos, olhai para o vosso interior, para vossa essência, e congratulai-vos com nosso Orixá Maior. Pensai nos momentos em que as dificuldades assolaram vossos dias e em que só pela fé foi possível superar e seguir adiante, conscientizando-se de que é essa força motriz que rege vossas vidas. Pois bem, quando movimentais essa força, adentrais o reino de Oxalá, recolhendo-vos para vosso interior. Como puderam ver e sentir, Ele é a própria energia Crística e está desperto e atuante, imanente a toda a humanidade. Oxalá não é o Criador, mas está na base da Criação. É Ele quem detém o axé da criação de todos os seres da Terra. Está ligado à gênese do Universo e foi o primeiro orixá criado por Olorun.[1] Representa a maturidade, a sabedoria e a força criadora e, sendo assim, participa no comando de todos os elementos formadores do planeta.

Diante disso, meus amados, este humilde filho de nosso Criador Supremo e servo de Oxalá vos incita a cuidar melhor do templo sagrado a que chamamos de planeta Terra, bem como de nossa natureza e de seus sítios vibracionais, onde reina este e todos os demais orixás. Esses locais são mananciais de várias energias naturais e também condensadores de outras energias cósmicas, originadas das altas esferas. Por isso eles servem como repositores ou reajustadores vibracionais, devolvendo ao homem, enquanto matéria física, o equilíbrio astromental que lhes possibilita a vida.

Todos somos perfeitos em nossa essência e, embora o homem comum a ignore, saibam que ela brilha dentro de cada ser como mais de mil sóis, das imensas galáxias que existem no Universo.

A umbanda, sendo uma religião natural, ensina a todos nós a importância da existência de cada folha, de cada grão de terra ou areia, de cada gota d'água e de cada metro cúbico de ar. Como preservadora da vida em todos os âmbitos, nos incentiva a cuidar dos mananciais que mantém essa vida, respeitando desde o minúsculo verme até o maior dos quadrúpedes, já que cada um deles, ao existir, tem suas necessidades sobre o planeta.

Se hoje, meus amados, caminhais sobre a Terra vestindo um

1 Olorum, Obatalá, Tupã ou Zambi são denominações dadas a Deus, dentro da umbanda.

"Conta um ponto de Oxalá que 'Se a volta do mundo é grande...o Teu poder ainda é maior'. Quando cantarmos isso, pensemos nesse poder, o poder maior que o mundo, o poder capaz de nos trazer a divina desilusão (deveríamos adorar nos desiludir, afinal), o poder capaz de abrir nossa percepção para a liberdade e a paz de vivência de cada momento como um presente de Deus."

Walter Steenbock

uniforme de carne, é porque assim quis nosso Supremo Criador. Se Deus vos deu essa bênção de mais uma encarnação é porque existe um propósito e ele é sagrado. Respeitai a casa que vos acolhe, preservando-a, a fim de que possais merecer moradas ainda melhores no futuro.

Abençoo-vos em nome de Oxalá e deixo-vos a Sua paz!

E foi essa paz que ficou no ambiente, bem como em todos os presentes. A entidade retirou-se e o silêncio permaneceu. Todos imóveis, querendo assim manter aquele momento imortal. Levou um bom tempo até que cada um conseguisse voltar à realidade, mas ao saírem a sensação era de extremo bem-estar e leveza na alma.

Eparrei

A orixá Iansã corresponde à nossa necessidade de mudança, deslocamentos, transformações materiais, avanços tecnológicos e intelectivos.

Era tempo das festas de Momo, época em que as grandes metrópoles trocavam o dia pela noite. Pela manhã, nas ruas sujas, ficavam arriados e sem rumo, milhões de espíritos que ainda se compraziam com as baixas energias, entorpecidos pelo consumo de álcool e entorpecentes e desgastados pelo desregramento. Mas a sujeira e o lixo deixados pelos foliões representavam muito pouco, se comparados à densidade energética que se acumulava acima dos prédios, formando espessa nuvem escura que dificultava qualquer irradiação espiritual vinda do Alto. Eram tantas formas-pensamento saturadas pelas emoções desequilibradas emitidas pela maioria das pessoas e que ali se aglomeravam e se atraíam por semelhança, que mais parecia um batalhão de outros espíritos a voar por sobre as cidades.

Quando isso acontece, para que a humanidade possa continuar mantendo a vida num padrão aceitável, o mundo espiritual superior providencia que se formem tempestades com grandes precipitações pluviométricas, dissolvendo e transmutando a camada energética densa.

Naquela noite, o grupo partiria em caravana para mais uma experiência. Com o coração aflito, precisaram ser acalmados pelos instrutores, pois necessitavam de todo o equilíbrio e serenidade para que, dessa forma, pudessem aproveitar ao máximo a visita ao local sagrado que os aguardava.

Cada membro estava ciente de que vibrava na força de um determinado orixá em sua coroa, como também de que seus instrutores eram entidades espirituais "enviadas" dos orixás e, por isso, pertenciam a determinadas linhas de trabalho para auxílio em terra.

Volitando por sobre as nuvens que formavam um lindo e enorme tapete suspenso, semelhantes a tufos de algodão dispersos no espaço, repentinamente foram absorvidos pela força de um empuxo, cuja energia os manteve unidos, embora rodopiando e sem ação, por alguns instantes. Quando tudo serenou, perceberam que se encontravam em outro nível da dimensão astral, pois tudo ali se diferenciava dos ambientes já conhecidos.

Seus olhos brilhavam, observando a beleza do lugar amplo e plenamente iluminado. Mas nada era estático, tudo se movia o tempo todo, como se estivessem dentro do próprio vento. Mesmo nesse movimento, suas percepções estavam muito ampliadas e despertas para tudo o que acontecia. Na verdade, era algo inédito, mas ao mesmo tempo seus corpos não se ressentiam, envolvidos na certeza de que aquilo era muito natural.

– Eparrei! – saudava-os uma entidade feminina de beleza estonteante, cujas mãos pareciam feitas de fogo, que chegava num repente.

– Iansã!!! – exclamaram em coro.

– Enviada de Iansã – esclareceu Mané Baiano, um dos instrutores.

– Ah, claro! Diante desse explendor, esquecemos as lições – desculpou-se Juliano em tom de brincadeira.

Assim como ele surgiu na frente do grupo, da mesma forma rápida movimentou-se pelo espaço, envolvendo-os numa rajada de vento que os colocou no pico de um alto rochedo, acima de grossas e escuras nuvens.

Logo compreenderam que aquele seria o palco de onde assistiriam ao trabalho daquela entidade, movimentando o tempo e o vento. E assim se deu. Mais uma passada rápida ao redor do rochedo e criou-se ali um campo de forças que os mantinha protegidos e seguros. Em seguida, outra rajada forte de vento agitava as nuvens, permitindo-lhes perceber através da visão ampliada de que se valiam agora, a qual, sob o comando da enviada de Iansã, sílfides e elfos exerciam seu poder de movimento.[1]

Enquanto tudo acontecia nesse nível, o grupo era informado pelos instrutores de que, aliado a isso e no mesmo espaço de tempo, havia se criado no nível físico duas frentes de ar distintas, pela pressão atmosférica, proporcionando o deslocamento desse ar de forma mais acentuada.

A visão daquela movimentação toda era um espetáculo indescritível. Tudo muito intenso, muito vivo e natural. Para espíritos ainda encarnados e acostumados a olhar de baixo para cima, observar o fenômeno de cima para baixo, em dimensão astral e com uma visão ampliada, era realmente algo que beirava à ficção.

Com olhar atento, verificava-se no interior de algumas nuvens grande quantidade de água, que formaria a chuva, enquanto no interior de outras havia, além de água, a formação de cristais de gelo e granizo. Com o ar revolto no interior da nuvem, esses elementos eram lançados de um lado a outro, chocando-se e trocando cargas elétricas entre si. Por causa da gravidade, o granizo e as gotas de chuva se acumulavam na parte de baixo das nuvens, concentrando carga negativa. Mais leves, os cristais de gelo e a água quase congelada eram levados por correntes de ar para cima, deixando o topo mais positivo. Começava a se formar um campo elétrico, como se a nuvem fosse uma grande pilha, criando por essa polarização um campo elétrico descomunal.Tamanha tensão agora transformava o ar em volta das

---

1 "Os grandes fenômenos da Natureza, na verdade são considerados como perturbação dos elementos. Tudo tem uma razão de ser e nada acontece sem a permissão de Deus. Na maioria dos casos têm por único motivo o restabelecimento do equilíbrio e da harmonia das forças físicas da própria Natureza.
Alguns Espíritos exercem certa influência sobre os elementos para os agitar, acalmar ou dirigir. Deus não exerce ação direta sobre a matéria. Ele encontra agentes dedicados em todos os graus da escala dos mundos." *Livro dos Espíritos* - questão 536.
"O vento e a chuva, incessantemente e através dos tempos, modificam a paisagem terrestre. Trabalham a rocha, modelam as formas variadas, e enquanto o rio silencioso corre abrindo vales e aprofundando o leito, o planeta se altera na sucessão dos milênios." (*Suave Luz nas Sombras*, de Divaldo Pereira Franco, pelo Espírito João Cléofas)

nuvens, ionizando-o, ou seja, passando de gás para plasma, o chamado quarto estado da matéria.

Começava então a formar-se um caminho de plasma em direção ao solo, fazendo a ponte até a superfície para que a tensão da nuvem pudesse ser descarregada. E de forma indescritível, e num tempo mínimo, eis que surgia o relâmpago.

A formação da espetacular faísca, possível pela ação das salamandras que, aquecendo o ar, criavam o corisco de fogo, era seguido do ribombar do trovão, formado pela rápida expansão da camada de ar, proporcionado pelas sílfides e elfos. As ondinas faziam seu trabalho movimentando e direcionando a água que caía abundante das nuvens.

No comando de tudo estava ela, aquela entidade espiritual de Iansã. Quase impossível acompanhar seus movimentos administrando o processo, pela rapidez e perfeição com que se davam. E a tempestade desceu sobre a Terra! Ventos fortes varreram o solo, enquanto os raios explodiam a densa camada energética. O abafamento sufocante que se fazia na matéria foi acalmado pela chuva forte, que também limpava o ambiente energético.

Transtornos inevitáveis foram sentidos pelos homens, que se agitavam para salvar os familiares, os animais e seus bens materiais. Do lado espiritual, não era diferente. Espíritos que vagavam ou dormiam pelas ruas, agora assustados, buscavam refúgio nos becos; alguns retornavam às cavernas da subcrosta de onde tinham vindo. Outros espíritos, trabalhadores da luz, aproveitavam o momento para oferecer amparo e ajuda aos que a aceitavam, e eram então levados para a contraparte astral de igrejas e templos, onde receberiam socorro.

– Eis por que, após uma tempestade, a bonança! O ar se renova e as pessoas ficam mais leves.

A observação da entidade espiritual os tirou do estado hipnótico de deslumbramento em que se encontravam. Num rápido movimento, ela os devolvia ao local para onde haviam sido transportados inicialmente.

Agora, a linda Iabá nem se parecia mais com aquela mulher que haviam conhecido em pleno exercício de suas funções, junto à natureza. Transformara-se de vento em brisa. Serena e acolhedora, disponibilizava-se para responder às dúvidas do grupo. O primeiro a perguntar foi Juliano, o mais ansioso por respostas:

– Com todo respeito, como devemos chamá-la?

Sorrindo, a entidade espiritual respondeu, após uma expressão que denotava a pouca importância que dava às denominações:

– Digamos que sou a Senhora dos Raios.

Todos sorriram descontraidamente, concordando que não haveria nome mais adequado.

– Senhora dos Raios, nós estamos fascinados com o que presenciamos, embora saibamos que são fenômenos normais da natureza e que, no dia a dia, não nos conscientizamos que existe também o lado energético. Considerando que isso tudo aconteceu movimentando nuvens e alguns elementos, especificamente num local do globo terrestre, porém sabendo que a chuva cai em pontos isolados e em horas diferentes, a pergunta é: – Qual é o sítio vibratório de Iansã?

– Iansã é o ar em movimento, é o próprio vento, e tem a rapidez do pensamento. E o vento está em todos os lugares, não tendo lugar fixo, não cria um reino específico; promove mudanças o tempo todo. Aliás, mudança é a palavra chave para a vibração de Iansã, que promove isso por onde passa, acabando com a estagnação.

– Poderia nos falar sobre sua manifestação em nível de terreiro? – perguntou Juliano novamente.

– As caboclas de Iansã, quando irradiam seus médiuns, atuam nas necessidades de transformações ou descargas rápidas. Sendo o ar seu elemento primordial, movimentam-no em grande escala, o que proporciona no aparelho uma necessidade de girar rapidamente, num bailado bonito. Na verdade, o corpo físico só faz acompanhar o corpo astral que está sendo irradiado pela entidade, aumentando assim sua rotação. Nesse movimento, da mesma forma que se processa através do vento na natureza, se realiza grande transformação e limpeza energética nos corpos internos do médium. Seus centros de força, também são levados a aumentar consideravelmente seus giros, deslocando todos os miasmas e impurezas neles imantados no decorrer dos atendimentos. A entidade faz uso desse impulso vibracional como maneira de escudar o médium, principalmente nas consultas carregadas de larvas e obsessões.

Como exemplo de fácil entendimento, podemos citar o aparelho doméstico chamado de ventilador. Quando ligado em potência baixa, suas hélices giram lentas e o ar que ele movimenta assemelha-se a uma suave brisa. No entanto, se aumentarmos a sua potência, suas hélices irão mover-se rapidamente, agitando o ar de forma a produzir o vento e este, com sua força, remove do lugar o que for capaz.

Os centros de força se parecem com pequenos ventiladores, pois possuem determinada quantidade de hélices com velocidade e giro específicos, estando localizados no corpo astral ou perispírito. Eles são a duplicata dos chacras do corpo energético-material, chamado de duplo etérico, o qual intermedia o corpo físico e o corpo espiritual. Esses centros captam e sutilizam a energia produzida no corpo de matéria, a fim de que possa ser aproveitado pelo corpo espiritual, como também servem de canal para distribuir ao físico a energia vinda do espírito. São essenciais para a saúde integral do homem.

Fora isso, ou seja, todo benefício que essa irradiação traz para o médium que lhe serve de aparelho, a irradiação de Iansã exerce no ambiente e nas pessoas presentes uma verdadeira varredura, um deslocamento e movimentação benéfica de energias. Diríamos, até, uma renovação, tal como a que ocorre após um temporal, sentida quando chega a bonança.

– Existe uma característica específica que define os filhos de Iansã?

Sorrindo, ela respondeu:

– Como eu, todos também são falantes, de raciocínio rápido e tem o chamado "jogo de cintura". Guerreiros natos, não se deixam abater facilmente. A estagnação e a rotina não fazem parte de suas vidas. Mas quando fora do equilíbrio, podem ser intempestivos e devem tomar cuidado com a impetuosidade, que os leva muitas vezes a ser diagnosticados como portadores de transtorno bipolar.

Nesse momento, todos os olhares foram dirigidos para Juliano, que sorriu tímido. Era a descrição perfeita de sua personalidade.

– O ar é um espírito vital que permeia todos os seres, dando vida e substância a todas as coisas. Recebe dentro de si a influência de corpos celestes, a essência de todas as coisas naturais e artificiais; fornece matéria para diferentes sonhos e adivinhações. Talvez por isso a expressão dirigida a quem é muito sonhador: "Vive com a cabeça nas nuvens".

– Senhora, compreendemos que o relâmpago age como um detonador energético, mas no plano material, onde ele cai, pode causar incêndios, danos sérios, destruições e até morte de animais e pessoas, pela intensa descarga elétrica. Será que, na verdade, não faz mais mal do que bem? – perguntou Elisa, que tinha muito medo de fogo.

– O que vocês precisam entender é que nada se destrói. Tudo apenas se transforma; e saibam que ele, o raio, não é castigo divino nem ira de Xangô, como contam muitas lendas. O raio que é atraído pelo magnetismo da Terra, descendo até o solo, não escolhe onde vai cair, mas por força da lei e por justiça divina, coordenada pelo orixá Xangô, vai atingir com sua descarga elétrica que se transforma em energia ígnea aquilo que se faz necessário.

É preciso compreender que existem locais cujo ambiente energético saturou-se de tal forma, que nenhum outro elemento consegue limpar ou transmutar, o que só é possível através do fogo. Por outro lado, quando atinge animais, causando perdas aos seus donos ou mesmo quando por fatalidade (que na verdade não é fatalidade, mas causa e efeito) provoca a morte de pessoas, com certeza ali está a Lei de Ação e Reação sendo executada. E o corisco foi apenas um instrumento dessa lei inexorável. E de lei e justiça quem entende é Xangô.

Pedindo licença à entidade, Paulinha, que cursava Filosofia e também adorava o elemento fogo, fez uma breve citação:

– Hermes já dizia que o fogo é ilimitado e invisível; interpenetra todas as coisas; espalha-se pelo céu e é reluzente nos infernos. Encontra-se nas pedras, extraído por um golpe com metal; na terra, quando ao ser escavada solta fumaça; na água aquecendo as fontes; no mar, que esquenta ao ser agitado pelos ventos; e no ar que queimamos. Todos os animais e criaturas vivem por causa do calor.

Aplauso geral, em clima de descontração, a fez ruborizar.

– Realmente, Paulinha, o elemento fogo, no plano físico é a manifestação do fogo "criador" superfísico. Quando se acende um fogo, mesmo que seja um simples palito de fósforo, e a substância inflamável se reduz a cinzas, é quando ocorre a liberação desse fogo criador no plano físico e que age como um excitante para os ígneos espíritos da natureza, chamados de salamandras, que se divertem exultantes.

Em variadas situações, o fogo cria formas e não as destrói. É quando se dá a transmutação, e para isso sempre interagem os outros quatro elementos: terra, água, ar e éter.

Outras explicações pertinentes ainda se fizeram, até que soou a hora de retornar ao corpo físico. Os primeiros raios de sol entravam pela janela, junto à brisa suave da manhã. Juliano acordou lembrando de alguns flashes do "sonho", e cantarolou mentalmente:

Mar com pescaria farta,
Oxalá deu para Iemanjá
Os rios deu para Oxum
Os ventos para Oyá.

No terreiro I

– Hoje esse menino está ventando! – queixava-se dona Maria para a vizinha.

– Que foi, dona Maria? Juju não está bem?

– Bem demais, o problema é que ele não tem sossego, não tem parada. Quando penso que ele está entrando em casa, já o vejo saindo outra vez. Que desassossego!

– Já falei que Juju é filho de Iansã! – respondia sorrindo dona Amália.

– Sei lá, às vezes até duvido que seja meu filho.

Juliano nem ouviu a conversa das duas vizinhas. Estava atrasado para o trabalho do terreiro, e a chuva que ainda caía na cidade certamente dificultaria o trajeto, pelo trânsito congestionado. Em cada parada obrigatória pelo fluxo lento dos carros, Juliano observava deslumbrado, pela janela do carro, os raios que desciam do céu rasgando o espaço, naquele início de noite, e iluminavam os pingos de chuva que caíam em abundância das nuvens carregadas.

> Glória a Deus lá nas alturas
> Glória a Deus nesse congá
> Gloria a Deus nos pensamentos dos meus filhos
> Glória a Deus em nosso altar.

O ritual característico e necessário de uma gira de umbanda estava se iniciando, embalado ao som dos pontos cantados que louvavam os orixás, enquanto no congá as sete velas acesas, além de iluminarem o ambiente e movimentar as forças sutis da natureza, representavam as vibrações maiores e principais.

O cheiro da defumação ainda enchia o ambiente, impregnado pelo aroma das ervas queimadas que servia como recurso de profilaxia vibratória, pois além de limpar o ambiente e a aura das pessoas, pela atuação dos quatro elementos da natureza (fogo, ar, terra e água) contidos nas ervas, a defumação tem como objetivo sensibilizar a psique humana.

Vestindo roupas brancas, que demonstram higiene física e a simplicidade de que se reveste a umbanda, e de pés descalços para liberar os fluxos negativos deixados pelos socorridos, os médiuns já estavam concentrados na irradiação de seus guias espirituais, recebendo-os para o trabalho da noite.

Os pretos velhos mandingavam com suas ervas, elementos essenciais para desmagnetizar e desintegrar as negatividades existentes na aura dos consulentes, e entre uma baforada e outra de cachimbo, que serviam como desagregadores das partículas densas do campo vibratório das pessoas, aconselhavam os filhos de fé que ali buscavam alento para seus espíritos conturbados. Sentadinha no seu canto, Vovó Benta atuou no plano astral do terreiro comandando os trabalhos, cuja movimentação se fazia bem mais acentuada do que no plano material. Enquanto acontecia a conversação entre o consulente e o preto velho ali no terreiro, no mesmo ambiente astral, muitas outras entidades de várias linhas atuavam de forma invisível aos olhos dos presentes, cuja percepção só se dava através da mudança vibracional sentida após o atendimento. Verdadeiras faxinas energéticas eram realizadas naquelas pessoas que descuidavam de sua saúde e da higiene psicoemocional. Muitos deles carregavam amontoados de larvas grudadas em seus corpos espirituais, vampirizando suas energias e desequilibrando sua saúde como um todo. Somavam-se a isso nuvens de formas-pensamento negativas criadas por emanações de baixo teor, e que, com o tempo, também se tornavam parasitas aderidos aos seus corpos.

Nesse ambiente astral, que podia ser comparado a um

grande pronto-socorro hospitalar, verdadeiras cirurgias perispirituais eram realizadas, tanto em entidades sofredoras como nos encarnados presentes, propiciadas pela egrégora do terreiro e principalmente pela energia animal exsudada pelos médiuns (ectoplasma) e que, agregada aos fluidos benéficos extraídos da ervas, formava o fitoplasma. Muitos aparelhos parasitas, verdadeiros engenhos eletro-magnéticos, eram desmagnetizados e, quando possível, ali mesmo retirados dos centros nervosos dos consulentes afetados.

Além disso, ainda era efetuado o desligamento, o socorro ou o encaminhamento de entidades obsessoras a lugares adequados, atraídas pelas pessoas pelo desequilíbrio emocional e falta de compostura diante da vida.

Grande era a movimentação dos exus na atividade magística, bem como de guardiões do local que, sob o comando de Ogum, evitavam o ataque das entidades trevosas, impondo respeito e disciplina no trabalho mediúnico. Eram eles convocados a deslocarem-se em incursões na busca de entidades renitentes ligadas aos socorridos no terreiro, como também a lugares onde se encontravam as origens materiais de feitiçarias para neutralizar os objetos vibratoriamente magnetizados, promovendo dessa forma a justiça e o equilíbrio cármico.

No final dos atendimentos, quando as entidades da vibratória já haviam se desligado de seus médiuns, Vovó Benta buscou irradiar seu aparelho para conversar com os filhos do terreiro, fazendo um balanço dos trabalhos:

– Salve, meus filhos! *Nega véia* não está chegando agora no terreiro, estava nos bastidores, eh eh eh... Seria fácil demais chegar quase na hora de fechar a casa, mas como não posso me dar ao luxo de faltar ao serviço, tenho de arcar as costas e trabalhar, pois ainda tenho muita conta para pagar. eh eh eh...

Anterior à chegada dos filhos na Casa, nós, mais os manos da banda, já havíamos "batido o ponto", pois sempre há muita coisa para organizar no outro plano. Para os médiuns, todo atendimento é sempre imprevisível e representa uma incógnita, mas para os trabalhadores do mundo espiritual existe uma pré-programação, baseada na ficha de cada filho de fé que será atendido. Subtraindo possíveis imprevistos comandados pelo livre-arbítrio, no geral já nos é possível prever os acontecimentos de cada gira de caridade. Da mesma forma, a tarefa mediúnica também é preparada previamente durante o dia, antecedendo os atendimentos. Sendo o médium flexível à percepção telepática de seus guias, a parceria em terra pode ser muito produtiva, mas o contrário também é verdadeiro.

Os médiuns precisam ter a consciência de que o mundo espiritual não trabalha com "acasos". Como também não é por "acaso" que os médiuns são médiuns. Se vocês nasceram com essa sensibilidade fluídica, por certo foram preparados no pré-reencarne, ainda no mundo espiritual, em seus corpos fluídicos. O que os levou a isso? A maioria por resgate cármico, pela necessidade de alinhar-se novamente com as leis. Digamos que é o veneno combatendo o envenenamento, é a bênção da moeda "caridade" quitando a conta atrasada.

Nessa noite, meus filhos, o trabalho foi intenso, muito além do que puderam sentir no plano da matéria. Houve casos bem específicos e especiais, em que o ectoplasma produzido e cedido pelos médiuns foi usado intensamente, podendo lhes ter deixado um tanto enfraquecidos energeticamente. Nada que uma boa noite de sono, após um banho e a ingestão de uma fruta ou suco, não possa repor.

Contudo, meus filhos, este espaço, encontrado limpo quando a gira começou, agora tem o chão sujo pelo trânsito de tantas pessoas e vai exigir uma faxina. Do lado energético, inevitavelmente ficou também muita sujeira que precisa ser dissipada. Sendo assim, a gira ainda não terminou... eh, eh, eh.

Precisamos movimentar os elementos no ambiente e, por isso, *nega véia* solicita que a curimba chame Iansã. Aos médiuns, a necessária concentração na sua vibração, independentemente de ser homem ou mulher, já que aqui todos são apenas espíritos sentindo a irradiação de nossa Oiá, permitindo sua atuação.

Entrelaçando seu rosário nas mãos, Vovó Benta coroou-se de luz, reverenciando as enviadas do orixá Iansã que, após o toque da curimba, selavam com seus aparelhos mediúnicos o encontro dos dois mundos num só, a fim de que a caridade pudesse prosseguir. Sorrindo, *nega veia* batia o pé no chão acompanhando o som da curimba e compartilhando da intensa movimentação que ocorria no plano astral do terreiro. As caboclinhas de Oiá, manipulando o elemento fogo, através dos raios, dissipavam as formas-pensamento e miasmas que ainda pairavam no ar, enquanto este elemento a a água eram movimentados como num intenso temporal, varrendo o ambiente energético.

Iansã já ordenou
Seu vento forte por aqui passou
Levando embora com sua ventania
Toda energia
Que aqui ficou...

Ogum Yê

O orixá Ogum corresponde à nossa necessidade de energia, defesa, prontidão para a ação, determinação e tenacidade.

A lua cheia, no seu primeiro dia, resplandecia no céu como uma dama em lindo vestido prateado. Servia de inspiração aos enamorados e iluminava a face da Terra, amenizando o breu deixado pela noite.

A maioria das pessoas ainda dormia em seus leitos, revitalizando o corpo físico, enquanto seus espíritos envoltos pelos corpos de energia se desprendiam para viver na liberdade que lhes é natural. Cada um, de acordo com sua vibração, tomava rumo diferente, por afinidade, de acordo com suas necessidades e vontades.

O grupo dos médiuns que estava em missão, logo após o sono do corpo físico, era chamado a seguir seus amigos espirituais, a fim de dar prosseguimento às tarefas previamente agendadas no Astral superior. Um a um foi sendo deixado em campo aberto, onde podiam sentir a relva macia sob os pés e o frescor do ar que a brisa perfumada trazia de longe. Quando todos já se encontravam reunidos, perceberam que cada um havia chegado por um caminho diferente que finalizava no centro daquele local. Seus olhos agora divisavam sete caminhos que se uniam, reunindo-os.

Aguardavam silenciosamente a chegada da entidade que lhes transmitiria as instruções, quando ouviram o toque de um clarim seguido por um retumbar de tambores, cadenciados num som contagiante. Era o toque de alerta levando todos a ficar atentos, enquanto inevitavelmente o coração disparava de emoção. Eis que um caboclo de Ogum se apresentava diante deles com uma configuração que vinha preencher as expectativas do grupo.

Alto, esguio e de compleição forte, vestia-se apenas com uma espécie de saiote reluzente e um escudo que cobria o peito, mostrando uma insígnia incrustada por pedras vermelhas. Trazia na cabeça um capacete de aço com penacho no alto. Calçava reforçadas botas que trançavam tiras ao longo das pernas. Na mão, imponente lança que completava a indumentária de um guerreiro romano. Ao seu redor e atrás dele, um agrupamento de batedores, todos equipados por paramentos e apostos, como verdadeiros guardiões.

Levantando-se, curvaram-se em sinal de respeito à chegada do "batalhão".

– Amigos e irmãos – disse com voz imponente o enviado de Ogum –, saúdo-vos respeitosamente, parabenizando pelo interessante trabalho de pesquisa e conhecimento a que se disponibilizaram. Faz-se necessário esclarecer que não vos conduziremos conosco a nenhum trabalho específico. Aqui estamos somente para apresentação mais formal do que representa a vibratória do orixá Ogum.

A essa altura, todos se entreolharam decepcionados. "Não iremos presenciar a atuação de Ogum?", essa era a pergunta silenciosa que pairava na cabeça de cada um.

– A força do orixá Ogum, que representa a luta sagrada, a conquista, a lei em ação, está associada a todos os reinos e, por isso, não tem um sítio vibratório especifico na natureza, agindo em comunhão com todos os outros orixás. Atua junto aos homens, através da sua luta pela sobrevivência, pela conquista e inovação. Sendo ele o guerreiro cósmico, o pacificador, é aquele que conclama com seus clarins para a batalha que vencer as demandas do mal. Por isso, nos apresentamos diante de vossos olhos, com esses batedores ou guardiões, sob nosso comando.

Nestes sítios sagrados, a vibração de Ogum vai salvaguardar a natureza dos infratores que transgridem a lei natural, defendendo esses locais que são veículos de canalização das energias dos orixás, onde os homens recebem seu axé.

Agindo no plano terreno, as vibrações dos orixás se combinam e se conjugam entre si, manifestando-se através do encontro de um reino com outro. Por isso, ao visitar o reino de Oxóssi nas matas, nos verão atuando com a denominação de Ogum Rompe Mato, defendendo e impondo a Lei que protege os elementos sagrados da natureza manifestados nos vegetais. Quando em visita a uma cachoeira, onde o rio sucumbe na queda da pedreira e Oxum "encanta como seu canto", estaremos lá, guarnecendo esse reino através de Ogum Iara. Na turbulência das águas salgadas que formam a grande calunga, e onde Iemanjá reina soberana em sua orla marítima, Ogum Beira-Mar se faz presente defendendo das forças que afrontam esse manancial provedor da vida, auxiliando também os filhos de fé nas suas conquistas materiais. Poderão nos ver nas pedreiras, reino de Xangô, atuando na combinação Lei e Justiça, com o nome de Ogum de Lei. Na entrada das matas, Ogum Rompe Mato, em harmonia absoluta com Oxóssi, na defesa da natureza e conquistas de espaço e assuntos que mereçam solução rápida. E não estaríamos na calunga pequena, reino de Omulu? Sim, neste local tão necessitado da lei e da ordem, na sua entrada, também atua Ogum Megê, no combate à baixa magia.

Esta é a ronda e a gira de Ogum! – completou.

Calava agora o Senhor dos Exércitos, dando oportunidade de perguntas que pudessem esclarecer dúvidas do grupo. Então, a entidade enviada de Ogum, cujo olhar penetrante invadia o íntimo daqueles espíritos famintos de aprendizado, traduzia na firmeza de suas palavras uma grande segurança recheada de bondade.

– Se Ogum representa o Guerreiro Cósmico, e como tal se apresenta, como pode ser ao mesmo tempo o "pacificador"? – perguntou Analu, que cursava direito e pretendia seguir a carreira de advogada.

– Ogum é guerreiro no sentido de "defesa" e não de "invasão". Defende as criaturas humanas, os reinos, os elementais e seus elementos de todas as demandas, de todas as invasões dos marginais do Astral inferior, através do exercício da Lei. Devolvem assim a paz às consciências atribuladas pelo ataque do mal, restituindo-lhes a segurança de trilhar seu caminho evolutivo. Atua também, dentro de cada um, no combate às imperfeições de caráter, domando os sentimentos espúrios, renovando as forças, impulsionando para novas e construtivas conquistas. Luta contra o dragão da iniquidade, a fim de que vença a justiça.

Enquanto existir o mal na Terra, ainda há a necessidade de que alguém guarneça o patrimônio do bem; ainda existe a necessidade da luta no bom combate, protegendo os que labutam no lado da luz. Por isso, os enviados do orixá Ogum são responsáveis pela espada que corta demandas, pelo escudo que defende das emanações telúricas, pela lança que mata o dragão das trevas e pelo exército, cujos soldados defendem cada porteira onde se pratica a caridade ou esclareça as consciências.

– Então, os encontraremos em todos os sítios que visitarmos? Pensei que essa tarefa de guardião fosse designada aos exus.

– Exatamente, estaremos atuando em todos eles. Quanto aos exus, sendo eles a serventia dos orixás, quando atuam conosco são os executores das leis, agindo como verdadeiros "batedores", abrindo caminhos, bem como guarnecendo e impondo respeito e disciplina, sempre dentro da lei e da justiça, sob nosso comando – respondeu o enviado de Ogum.

Da mesma forma que chegaram, as entidades se retiraram, após a despedida e promessa de breve reencontro em algum dos sítios visitados pelos meninos, no cumprimento de seu projeto.

Okê Bamba

O orixá Oxóssi corresponde a nossa necessidade de saúde, nutrição, expansão, energia vital, equilíbrio fisiológico.

O dia começava a amanhecer e a mata se enchia de sons, tons e odores. Desde a minhoca que revirava a terra, arejando-a e proporcionando um solo mais rico para os vegetais, até os pássaros que no alto das árvores revoavam e enchiam o ambiente de sons e cores, tudo era vida latente. A aparência imóvel das árvores e arbustos, escondia na verdade um mundo em pleno movimento, que nascia, crescia e morria constante e incessantemente.

O Sol que se erguia no alto transformava a mata num verdadeiro templo. Seus raios, descendo por entre os vegetais, se igualavam à luz transpondo os vitrais de uma catedral, tornando tudo ainda mais divino. Secando as gotículas de água deixadas pelo sereno da noite, proporcionava a maturação dos frutos e o banquete dos animais na luta pela sobrevivência. Borboletas de todas as cores brotavam de seus casulos, transformado-se de larvas rastejantes em exuberantes voadoras.

Animais que saíam de suas tocas em busca de alimento, ou para servirem de alimento a outras espécies, cumpriam sua missão na cadeia alimentar e na luta pela sobrevivência. Tudo se movia na terra e no ar, debaixo do sol ou sob a chuva que renovava a vida vegetal e animal. Mal sabiam os homens compromissados e apressados da importância desse mundo à parte que os sustentava, desde o oxigênio que respiravam até a alimentação que consumiam.

E transcorria o dia e voltava a noite, que adormecia os seres vivos. No plano astral, o movimento também era incessante, e mesmo na mata que se cobria pelo breu noturno havia a luz da vida, para que a renovação se perpetuasse.

A Lua, vista daquele bosque onde eles se reuniam inicialmente, era ainda mais brilhante e encantadora. No plano astral isso era natural, justamente por tratar-se de um nível situado acima da matéria física e, assim, mais sutil e rarefeito, o que permitia que tudo tenha uma expressão mais acentuada.

Embora esse bosque pertencesse a uma colônia espiritual onde mantinham uma sede ampla e equipada, o grupo preferia reunir-se na clareira que situada no centro dele, formada pela junção de sete caminhos que ladeavam e por onde haviam chegado. Ali respiravam e abasteciam-se das energias mais puras vindas da natureza, equilibrando-se para as tarefas futuras.

– Kiôoooooooooooooooooo!

O grito sonoro que ecoou na mata os despertou do deslumbre a que se haviam entregue. Um clarão, acompanhado de uma rajada de vento que levantou folhas do chão, trouxe um caboclo alto e forte, mas de feição serena. Assim que ele surgiu, ouviu-se ao longe, na mata, um assovio que foi se juntando a muitos outros, formando um sonoro canto da natureza viva.

– Salve a Mãe Terra e salve a natureza que nos acolhe! Salve os sete caminhos que vos reúnem nesta encruzilhada! – saudou a entidade de Oxóssi que resplandecia luz dos penhachos exuberantes que exibia na cabeça, nos pulsos e tornozelos.

Imediatamente todos se ajoelharam em terra, batendo cabeça no chão, em sinal de reverência e respeito àquele que era uma entidade de suma importância nas terras brasileiras, já antes da fundação da umbanda.

Fazendo sinal para que levantassem e dispensando qualquer formalidade, ele os convidou a sentarem-se na relva. Em círculo, os participantes do grupo deram-se as mãos e cantaram juntos enaltecendo a natureza e os orixás, o que fez com que cada um se sentisse como parte integrante daquela natureza explendorosa. Vibrando em uníssono com a entidade espiritual, sentiam que a melodia do canto e as mãos dadas os elevavam a tal ponto, que quando perceberam todos volitavam juntos, sem esforço algum, sem nem mesmo desejar isso.

Voltando do êxtase, conversavam agora animadamente com o caboclo, numa busca infinita de conhecimento. O que não haviam percebido é que o êxtase havia expandido suas consciências, ampliando a visão e a audição. Somente quando o caboclo solicitou que observassem o movimento da floresta, aparentemente adormecida, deram-se conta do milagre da vida exercido pela natureza.

No solo, minúsculos seres com aparência similar ao homem, de cor amarronzada, revolviam-na, entrando e saindo de pequenos túneis, num vai e vem constante e disciplinado, semelhante a um grande canteiro de obras quando os operários ainda principiam a escavação para construir sua fundação. Eram muitos seres, e apareciam de todos os lados, saindo de debaixo de pedras, raízes ou árvores tombadas e em decomposição. A expressão demonstrada por cada um era de intensa alegria em realizar suas tarefas.

– Caros irmãozinhos, diante do que observam aqui, podem entender o que nos disse Platão, tão sabiamente:

> Na Terra estão contidas as sementes, as virtudes germinativas de todas as coisas, e, portanto, a Terra é animal, vegetal e mineral. Fertilizada pelos outros elementos e pelo céu, a Terra faz nascer dela mesma a abundância e todas as coisas, e encerra grandes segredos.

E era justamente isso que se desenhava diante de seus olhos. Da terra brotavam plantinhas que se transformariam em árvores. Em cada uma delas era possível observar que um minúsculo ser lhe dava forma, cor e cheiro, além de toda estrutura para que se desenvolvesse. Eram os construtores do mundo invisível, os chamados elementais ou espíritos da natureza. Esses pequeninos seres também realizavam sua tarefa com esmero, num bailado feliz, como se pintassem uma obra-prima de incalculável valor. Cada vegetal que nascia tinha as características próprias de sua espécie. Portanto, cada espírito que dinamizava suas forças etéricas tinha suas características também diferenciadas apesar da semelhança nas formas. Subiam e desciam das grandes árvores; ora pareciam ser absorvidas por seus troncos, para logo em seguida surgir lá no alto, nas folhas. Compreendiam que aqueles seres tão pequeninos viviam dentro do duplo etérico das árvores. Alguns grupos viviam sobre as forquilhas, onde os galhos se bifurcam e correntes etéricas se dividem. Podiam mover-se no ar, mas parecia que preferiam andar por sobre os troncos, e o faziam com tanta facilidade como se corressem sobre o solo raso. A lei da gravidade não os afetava e, por isso, subiam e desciam com extrema facilidade.

– Vejam quanta vida existe no Universo ainda imperceptível ao homem terreno! – exclamava o Caboclo, tirando-os da concentração.

Cada molécula, cada célula, é um mundo à parte e não seria diferente na natureza. Existe todo um projeto preexistente para cada vegetal que brota do solo. Existem vidas que lhe dão vida para que cresçam e sobrevivam, servindo ao homem e ao animal. Mas este "servir" deveria ser melhor compreendido e aproveitado. Cada vez que se destrói qualquer vegetal, sem um fim específico que seja permitido e orientado pelo mundo maior, está se destruindo um projeto espiritual e uma vida, ou seja, ocasiona-se a morte de um organismo vivo, com repercussões nefastas em todas as dimensões do planeta.

Quero salientar algo muito importante. Assim como o ser humano reencarna no corpo físico, trazendo do mundo espiritual, através de seu corpo astral, o "modelo organizador biológico" que vai lhe dar a forma corporal, também na natureza existem os modeladores de formas que auxiliam o Pensamento Universal Planejador. O projeto da forma vem do éter e é repassado aos espíritos da natureza que o concretizam na matéria. Os derradeiros modeladores de formas na natureza são os do elemento terra (os gnomos e os duendes), auxiliados pelos do ar (fadas e silfos). As hostes aéreas iniciam o trabalho e os gnomos, duendes e congêneres no interior da terra modelam as formas mais densas, puramente sólidas. Estes pequenos obreiros estão em toda parte, em incessante atividade.

Agora passemos para uma dimensão um pouco mais sutil dessa mesma floresta e observemos o serviço que os vegetais prestam ao mundo espiritual.

Naquele mundo onde o "pensar e desejar" era quem comandava os acontecimentos, bastou essa ordem do Caboclo para que tudo se ampliasse e, embora no mesmo lugar, a paisagem se transformou. As cores agora eram indescritíveis e a imensidão de tonalidades de verde formava uma tela que somente mãos divinas poderiam pintar. Estavam em outro mundo dentro do mesmo mundo.

– Observem agora o movimento dos espíritos trabalhadores que usam da energia da mata para curar os enfermos que são trazidos para cá, principalmente durante a noite.

Novamente a ordem do Caboclo ampliou suas visões e eles puderam observar o grande número de pequenas clareiras que serviam de ambulatório natural para corpos doentes, tanto de encarnados em desdobramento sonambúlico como de desencarnados necessitados de curar seus corpos energéticos. Caboclos xamãs se misturavam a médicos, curadores e benzedores, tanto de encarnados também em desdobramento quanto de desencarnados que ali estavam num trabalho de cura com o fitoplasma extraído da natureza; trabalho que era facilitado e ajudado pelos elementais que, num movimentar constante e feliz, retiravam de seus elementos as essências que seriam aproveitadas pelas entidades de cura.

– Acompanhem o trabalho desses nossos irmãozinhos na extração das energias medicamentosas dos vegetais. Vejam que cada planta tem sua característica energética e seu emprego adequado à saúde dos seres humanos e dos animais. É a mãe natureza cuidando dos homens, que infelizmente pouco têm cuidado dela. Com base nessa experiência que estão vivenciando aqui no plano astral do vosso planeta, os mentores espirituais esperam que possam repassar isso a todos, com a finalidade de conscientização da importância em cuidar-se de cada planta, de cada arbusto, de cada árvore. Conscientizá-los da imensa riqueza que o Criador faz brotar da terra, em favor da saúde integral da humanidade. Agora vamos nos movimentar um pouco. Vou levá-los até o jardim de uma casa situada numa pequena cidade do interior. É claro que estaremos visualizando a sua dimensão astral.

A casa era simples, construída de madeira tosca, mas denotava, desde a entrada, uma limpeza admirável. Canteiros bem-cuidados de flores coloridas enfeitavam a frente, acompanhando o pequeno cercadinho que mantinha uma tabuleta de madeira com a inscrição: "Após o esforço de quem planta, há quem siga o vegetal nascente, quem o auxilie, quem o corrija, quem o proteja".[1]

Mais próximo à casa, outros vários canteiros de plantinhas medicinais, todas em plena harmonia de cores e tamanhos, preenchiam o espaço do jardim. Atrás da casa, mais canteiros de ervas perfumadas medicamentosas antecediam um pequeno pomar de árvores frutíferas.

A beleza maior não vinha das flores, apesar de toda a exuberância que elas têm no plano energético, incomparável ao plano físico. O que extasiou o grupo foi o movimento de seres minúsculos que trabalhavam extraindo essências e as transportavam a um local próximo, onde alguns técnicos da área de saúde as transformavam em fitoterápicos, florais[2] e extratos diversos. Dentro do laboratório, o trabalho de recebimento e distribuição das essências era comandado por um casal de olhar bondoso, gestos simples e sorriso largo.

– Meninos, esses dois trabalhadores residem aqui e cuidam dessa riqueza natural. No plano físico são pessoas simples, humildes, e sem cultura acadêmica. Como gostam de plantas, as cultivam com muito carinho e amor, além de distribuí-las a quem precisa de chás, ervas e frutas. A mulher é benzedeira, missão que recebeu desde muito jovem. Porém, quando o sono os retira do corpo físico, é que assumem sua identidade espiritual e administram esse local de extrema importância

1 Emmanuel.

2 Florais: as essências florais são extratos líquidos naturais de flores, plantas e arbustos altamente diluídos que se destinam ao equilíbrio dos problemas emocionais, operando em níveis vibratórios sutis e harmonizando a pessoa no meio em que vive. Flor, em grego, significa "o melhor de". Uma planta floresce quando ela está vivendo o seu melhor momento de vitalidade e energia, ou seja, quando vive o momento mais puro e divino de sua existência. E a flor (a parte sexual da planta) fica em contato com o céu (o divino) e polariza o equilíbrio emocional com o homem (parte sexual ligada à Terra – o físico). As flores sempre acompanharam o homem em todas as fases de sua vida: desde o seu nascimento, datas especiais, como aniversário, batizado, casamento, comemorações, jantares, etc, até o momento de sua última despedida nesta vida (velório).

para o plano espiritual, permitindo o auxílio de cura a muitos espíritos enfermos.

Os técnicos que aqui trabalham são espíritos experimentados na arte de fabricação de medicamentos naturais, e, como podem observar pelos cordões energéticos[3] de seus corpos, alguns ainda são encarnados que se dispõem ao trabalho fraterno durante o sono físico. Por tudo o que lhes mostramos é que o orixá Oxóssi envia seus raios por sobre o planeta Terra, priorizando a natureza e o verde tão salutar à humanidade. Por esse motivo é que ainda trabalhamos na configuração de simples caboclos com os médiuns encarnados e insistimos para que consigam mudar atitudes e forma de vida. Tentamos mostrar aos homens o valor inigualável de uma árvore no seu quintal, de uma flor no seu jardim, de uma hortaliça na sua mesa. Tanto o galhinho de arruda, que limpa o campo magnético dos descuidados seres humanos, quanto na árvore frondosa, que possibilita um ar respirável e uma sombra acolhedora, está a manifestação material desse orixá.

O Sol anunciava uma tênue claridade no horizonte, sinalizando o amanhecer de um novo dia. Isso significava que o grupo precisava retornar aos seus corpos físicos. Assim, o caboclo finalizou a excursão dando a cada um uma pequena lembrança. Gravou em seus mentais o nome de uma erva que deveriam usar em forma de chá ou banho energético nos próximos dias, da qual lembrariam o nome ao acordar.

– Manhêeeeee... pede à dona Anastácia uns galhos de manjericão que hoje preciso tomar um banho de ervas – gritava Juliano de sua cama, ao acordar.

– Menino, que tanto banho, meu filho? Venha tomar seu café.

3 Espíritos ainda encarnados, quando fora do corpo físico, ficam ligados a este por cordões energéticos que mantém a vida física. Estes cordões somente são desligados quando ocorre a morte física.

No terreiro II

Gira aberta! Os caboclos faziam sua dança, incorporados em seus médiuns, pisoteando as ervas que cobriam o chão do terreiro. O aroma agradável que se desprendia no ar não mostrava, na realidade, todo o efeito alquímico que isso tinha no mundo energético. A energia extraída das ervas pela maceração ou pelo pisotear dos médiuns, misturada à energia animalizada produzida por eles e também pelas pessoas da assistência, formava o "fitoplasma", que era amalgamado e recolhido pelos elementais da natureza ali presentes. Acrescidos outros elementos, quando necessário, ele era distribuído às entidades para uso nas curas e limpezas dos necessitados, nas consultas do terreiro.

Bendita "mãe natureza", que, sempre presente onde há vida, é a essência da religião chamada umbanda. Seus aromas e essências são, no ambiente físico, uma pálida amostra de sua utilidade e funcionamento no ambiente espiritual de um terreiro. Seja na defumação, onde as ervas secas são queimadas juntamente com raízes e resinas, seja nos banhos ritualísticos, ou no bate-folha realizado pelas entidades durante os atendimentos, ali está a vibração dos vegetais auxiliando o homem. E, por serem organismos vivos, as ervas também representam a presença da Imanência Divina que a tudo anima. Eis por que, interagindo conosco, seja de que forma for, sempre nos beneficiam.

Muitos dos atendidos apresentavam saúde física razoável. Geralmente as maiores queixas eram de nível emocional, como transtornos depressivos, síndromes de pânico, fobias e medos em geral. Mas ignoravam eles o quanto isso já afetara seus corpos energéticos, os quais, à visão dos guias, muitas vezes se apresentavam bastante adoecidos. Respeitando sempre as leis e o livre-arbítrio de cada ser, as entidades procuravam dar um alento e proporcionar a cura, quando possível. A conversa com a pessoa atendida era na verdade apenas um aconselhamento para que, de forma magística, pudessem atuar no lado astral outros elementos e entidades, conforme a necessidade. Sob o comando de pontos riscados e cantados, ou do brado de cada entidade, utilizando os elementos da natureza, cada guia incorporado atuava de forma ostensiva através da mediunidade dos trabalhadores do terreiro.

Esquecendo-se de que seus corpos materiais são formados pelos mesmos elementos que compõem a natureza, os seres humanos passam a viver enclausurados em blocos de concreto, onde até o sol é substituído pela luz artificial. Monitorando ou monitorados por máquinas, ficam automatizados. Seus pés não tocam mais a terra e vivem isolados por calçados de borracha ou plástico. Seus pulmões desaprenderam a respirar o ar saudável, vivendo intoxicados pelo lixo urbano. Seu alimento, que deveria ser o remédio, tornou-se a causa de suas doenças. Dessa forma, adoecem, seja física, emocional ou mentalmente, procurando na química uma solução, até que consigam ouvir a voz da intuição e se voltem à sua origem – a natureza. Muitos, mesmo ignorantes dessa verdade, acabam buscando na umbanda, como último recurso, o alento de suas dores. Ainda assim não percebem que seu alto nível de estresse, sua rigidez para consigo mesmo, com a vida e as pessoas, se dá porque estão saturados da energia terra. Por isso, o caboclo, o preto velho ou o exu lhes receita apenas uma caminhada de pés descalços junto à natureza, um banho de mar ou cachoeira, ou o abraço a uma árvore.

Muitas vezes, as pessoas incautas e desinformadas a respeito da verdadeira magia da umbanda saem do terreiro frustradas porque não puderam observar nenhum fenômeno que lhes assegurasse que tinham recebido ajuda. O que não sabem é que muitas doenças e aflições lhes foram retiradas antes de somatizar no corpo físico ou mesmo ignoravam quantas entidades desencarnadas sofredoras haviam sido desligadas de sua vibração e após o auxílio fraterno, foram encaminhadas aos lugares adequados. Seguindo o velho aforismo popular "o que os olhos não vêem o coração não sente", não atentam para a leveza com que saem do terreiro, comparada à vibração pesada que tinham anteriormente.

Sem contar o auxílio e limpeza que se realizam em seus lares e locais de trabalho enquanto estão sendo atendidos no terreiro. Nem podem ver ou sentir a imensidão de larvas e cascões astrais impregnados em suas auras que foram retirados, recolhidos e devolvidos à natureza enquanto a entidade baforava ao seu redor ou batia com um galho de ervas.

Ignoram por que um exu ou caboclo solicita um alguidar com fogo próximo dele durante o atendimento. De forma visível e material está ali a energia ígnea em forma de chamas, que pela atuação das salamandras dão vida ao elemento fogo para transmutar energias deletéreas e resistentes aos outros procedimentos. Porque o homem não tem mais contato assíduo com a energia ígnea natural, os guias da umbanda também lhe receitam que acenda velas e faça suas orações enquanto as observa queimar. Desta forma, pelo menos por alguns minutos, incentiva-o a efetuar a própria limpeza de seu campo áurico.

Quanta magia nefasta é desfeita, despolarizada no astral, e deixa de vibrar em seus campos vibratórios, sob o comando dos guias, que aproveitavam para tanto, além dos médiuns, todo movimento e auxilio dos elementais de cada sítio da natureza, importantes e imprescindíveis auxiliares nas giras de umbanda. Eles que, como os humanos, agem por sintonia, ou seja, o tipo de átomo predominante em sua constituição determina o elemento com o qual se sentem afinizados na natureza.

Tudo isso é a magia da umbanda, que acontece à revelia da identificação ou não dos encarnados presentes na gira. Mesmo para quem não tem olhos de ver, a umbanda trabalha e ensina, para que um dia possam pelo menos sentir.

Kaô Kabecilê

O orixá Xangô corresponde à nossa necessidade de discernimento, justiça, estudo, raciocínio concreto e metódico.

No plano físico a paisagem não passava de uma grande escarpa de pedras formando um paredão, que separava montanhas intercaladas por planícies rochosas, de um grande abismo. Tudo quase sem vida e muito silencioso. Porém a visão que eles tinham do plano onde se encontravam era de um mundo deslumbrante, onde a vida se exalava a grandes haustos.

– Quem diria que dentro desse rochedo a vida pudesse transbordar com tamanha força? E eu que sempre pensei que a pedra fosse um elemento morto, estático – exclamava Juliano, atônito com tudo que presenciava, tanto quanto o restante do grupo de aprendizes.

Quem os havia recebido no portal que dava acesso àquele reino, era um enviado de Ogum, que juntamente com seus guardiões, protegia o local. Após, foram encaminhados ao responsável pelo sitio vibratório, que se apresentou como Xangô Sete Pedreiras.

– Amigos, estamos literalmente dentro do rochedo – explicava o guia da vibratória de Xangô. Como nos ensina a natureza, nada do que existe é verdadeiramente inanimado. A vida está presente no mineral como em todas as outras formas. Cada semente e cada germe é animado por uma energia vital que os faz germinar e desenvolver segundo suas espécies. Nessa dimensão poderemos observar, além de muitos outros fenômenos, a atuação dos elementais que dão vida e constituição ao reino mineral, possibilitando que o princípio espiritual que aqui dormita possa iniciar sua caminhada evolutiva. Desta forma e após este estágio, possa ele prosseguir cochilando no reino vegetal, se espreguiçando no reino animal, despertando após, no mundo hominal. A pedra tem vida e movimento, até porque no mundo nada é estático. A natureza como um todo se movimenta constantemente. Observem como os abissais[1] se comportam junto ao elemento mineral.

A sutileza dos movimentos daqueles seres minúsculos constituía um verdadeiro espetáculo. Cada um estava associado a uma certa área de rocha subterrânea, e pelo esforço de sua vontade instintiva, malhavam e soldavam as energias para torná-las homogêneas. Aliados a eles, os elementais da terra e do ar transformavam constantemente o mineral em sua essência e desta forma, aos poucos, as mudanças iam acontecendo no seio daquele rochedo. Como resultado desse trabalho, puderam se maravilhar vendo brotar cristais de ametista, turmalina, topázio e esmeralda, como se fossem sementes brotando da terra.

Visitaram verdadeiros templos cristalinos onde o chão, paredes e teto brilhavam tanto que ofuscava a visão mal treinada. Era o verdadeiro reino encantado, escondido nas entranhas astrais de uma pedreira gigantesca. Observaram e analisaram como a energia ígnea, aquática, telúrica e eólica agiam também nos elementos minerais, sempre transformando-o, num contínuo e infindável progresso.

Após, foram convidados a visitar uma mineração de ouro. De olhos arregalados, não podiam crer no maravilhoso cenário que se abria a sua frente.

Grutas onde o ouro vertia da rocha semelhante a tênues gotas e dentro dessas gotas, espíritos da natureza moviam-se como diminutas bactérias cor de ouro vivo. O conjunto de atividades parecia um vasto laboratório com inumeráveis manipuladores, presididos por um Espírito Superior.

– Tanto trabalho e dedicação desses seres e vem o homem,

1 Elementais associados às rochas e cavernas subterrâneas.

detona a rocha e rouba-lhes o produto. Isso não é uma afronta a eles e à natureza?

– Os espíritos da natureza não se ressentem da mineração – respondia o instrutor. São totalmente impessoais e apenas fazem o seu trabalho, independente de resultados futuros. Da mesma forma, os gnomos rochosos não se ressentem da explosão da rocha, ao contrário, isso os estimula como se fosse uma deliciosa brincadeira. Quanto à natureza, ela é mãe dadivosa e também doa com amor e abundância, mas geralmente falta consciência dos homens em não abusar disso. Os extremismos é que maculam os reinos sagrados. O lucro sem pudores, o imediatismo e a falta de consciência ecológica permitem que suguem o sangue da Terra, matando-a aos poucos.

– Estive pensando a respeito dos vulcões. Deduzo, diante do aprendizado, que nas lavas também atuam os elementais – instigava André.

– Como dizem vocês, onde há fumaça há fogo. Pois eu digo que onde há fogo, há salamandras. A lava se origina de um reservatório de magma, ou rocha derretida, nas profundezas da Terra, cuja temperatura chega a 1.200 ºC. Esse magma sobe devido à diferença de densidade e ao subir podem acontecer duas coisas: o magma pode chegar até a superfície, tornando-se um vulcão e expelindo lava; ou pode ficar alojado em algum lugar. O granito é um exemplo de magma que não foi expelido e se cristalizou em profundidade.

– Altamente destrutivo quando na crosta da terra! Exclamou Juliano.

– Concordo em termos. Todas as forças da natureza são, na verdade, mais construtoras do que destruidoras. Ou melhor, elas agem transmutando, modificando. As lavas formam rios de fogo e por onde passam destroem toda a paisagem, mas apesar da força destruidora, o vulcanismo fornece solos férteis, depósitos de minerais e energia geotérmica. Sem contar que ao longo dos anos, os vulcões reciclam a hidrosfera e a atmosfera terrestres e o magma é riquíssimo em recursos minerais e grande parte do que é extraído de rocha, na superfície, é lava resfriada.

Depois de algumas horas de intenso aprendizado pela observação naquele laboratório, foram levados a uma espécie de caverna, cujas paredes eram incrustadas por cristais de turquesa. Ao adentrarem foi inevitável uma exclamação de admiração em uníssono. Após o primeiro impacto, serenaram para ouvir as valiosas lições da entidade anfitriã.

– Meus caros, observei ao longo da visitação que alguns não conseguiam assimilar porque associam Xangô à justiça, que o seu reino ou sítio vibratório é a pedreira. Pois bem, se analisarem minha "carranca séria", não pareço uma rocha? – falou sorrindo e em tom de brincadeira para descontrair o grupo.

Talvez possam ter imaginado que me encontrariam empunhando uma machadinha na mão direita e a balança na outra. O que acontece é que, embaladas nos simbolismos e lendas, as pessoas tentam humanizar o divino. E embora nós sejamos apenas um espírito trabalhando no planeta como "enviado" do Orixá Xangô e não o próprio Orixá, mesmo assim dispensamos as formas.

É claro que nas manifestações que se dão através do mediunismo nos terreiros de umbanda, para facilitar o intercâmbio e preencher as expectativas de alguns médiuns ainda necessitados de símbolos e formas, algumas configurações são plasmadas. Quando não, elas se fazem com a finalidade de impor a força da lei e da justiça diante das entidades que ainda se demoram nas trevas.

A pedra, pela sua dureza, simboliza a inflexibilidade da lei e da justiça de Deus, bem como incentiva nos seres humanos o arrojo, a fortaleza, a segurança, a firmeza e a determinação. A balança representa o equilíbrio que deve ser buscado incessantemente pelo homem. O machado é o símbolo da imparcialidade e da razão, demonstração absoluta da evolução, quando o homem consegue se liberar do comando da emoção, adquirindo o equilíbrio e a equidade. Dentro ainda do simbolismo, podemos citar para Xangô a estrela de seis pontas, formada por dois triângulos, um que aponta ao alto e outro que aponta para baixo, simbolizando o equilíbrio do universo onde "o que está acima é como o que está abaixo".

Como vocês já sabem, os orixás se conjugam em diferentes desdobramentos, confirmando a necessidade de interação que existe na criação. Com Xangô não seria diferente, pois interage com todos os elementos e com todos os orixás, embora sua vibração maior esteja localizada nas cachoeiras e pedreiras. Em parceria com Iansã, atua através da formação do raio que ilumina o caminho e traz o discernimento, libertando as consciências dos grilhões da ignorância que ainda tanto escraviza a humanidade.

Junto às cachoeiras, reino do Orixá Oxum, onde as pedreiras servem de tapete às águas doces, elemento primordial à existência da vida, Xangô atua promovendo o equilíbrio entre a razão e a emoção.

A combinação com Omulu, que representa o elemento terra, revela-se no encaminhamento das almas desencarnadas, onde o trono da justiça se faz imprescindível. Da mesma forma, os orixás Ogum e Xangô, com seus atributos da lei e da justiça, obrigatoriamente caminham lado a lado. Xangô, representando o cumprimento da Lei de forma justa, é aquele que leva aos tribunais da consciência todos os nossos atos pretéritos, fazendo cumprir a Lei Cármica. E assim se formam as parcerias de atuação com todos os outros orixás, respeitando sempre as atribuições de cada um. Atuando nos pontos de força junto à natureza, os Sete Raios Sagrados aos quais denominamos orixás, em descenso vibratório e através de seus enviados, chegam até os homens para reorganizar a vida.

Dando uma pausa, o guia possibilitou que formalizassem perguntas para esclarecer possíveis dúvidas.

– É verdade que os filhos de Xangô têm tendência a violência? Perguntou Juliano.

– Não só filho de Xangô, como qualquer outro, quando estiver sob a influência de sentimentos e vibrações negativas, pode se tornar violento. Aliás, a violência é algo em voga no mundo físico, infelizmente. Para que se possa esclarecer melhor, a característica dos filhos deste Orixá é a racionalidade, que pode torna-lo rígido. Quando o senso de justiça é extremado, deixa de ser uma virtude para se tornar uma obsessão, trazendo o sofrimento. Mas por outro lado, o senso de justiça, quando equilibrado, o torna organizado e comedido, só tomando decisões quando certifica-se de que pisa em chão firme. O filho deste Orixá é tipicamente firme, enérgico, seguro e austero. Mesmo jovem, apresenta certa maturidade que se confunde com uma velhice precoce. É o eterno conselheiro e apesar da timidez natural no contato, pode assumir facilmente o cargo de líder. Sabe bem o quer e dificilmente é enganado.

A essa altura da conversa, todos já haviam identificado o colega Frederico, que possuía essas características bem evidentes em sua personalidade, como sendo filho de Xangô. Agora ele e os amigos compreendiam o porquê de sua facilidade em liderar o grupo, apesar do jeito durão.

Depois dos esclarecimentos, a entidade deu a cada um uma pedra de cor diversa, como presente, de acordo com sua personalidade e necessidade. De volta ao corpo físico, Juliano acordou conservando a sensação de estar segurando na mão a sua pedra azul.

O cheiro gostoso de café chegou até o quarto de Juliano, despertando-o do sono e também seu apetite. Enquanto tomava banho rememorava algumas cenas vividas durante o sono, ainda vivas em sua mente. A cada dia, a lembrança de seus "sonhos" se tornava mais nítida ao acordar e, conforme Vovó Benta lhe ensinara desde quando ele era o seu camboninho, isso se dava graças à sua disciplina, tanto como médium como no seu cotidiano. Juliano era um jovem feliz e levava uma vida regrada, mas nem por isso deixava de sair com os amigos, de namorar e trabalhar. Ele era um jovem normal.

No terreiro III

Minutos antes de iniciar a gira, entrou no terreiro um adolescente solicitando que alguém o auxiliasse a descer sua mãe do táxi parado em frente àquela casa de caridade, pois ela usava cadeira de rodas. Além do que não havia rampa para deficientes físicos e a escada era sério impedimento para sua entrada no local.

Prontamente dois médiuns atenderam ao chamado e introduziram a jovem mulher dentro do terreiro, acomodando-a junto à assistência. Enquanto aguardava, visivelmente nervosa de início, foi se acalmando, envolvida pela musica suave do ambiente e pelo odor de ervas que exalava do defumador. Sentiu vontade de fechar os olhos e rezar, enquanto uma paz que há muito tempo não sentia invadiu o seu espírito sofredor. Seu corpo cheio de dores agora parecia muito leve e embora o torpor que sentia, teve a impressão de estar caminhando de pés descalços na grama verde, enquanto uma chuva caía sobre seu corpo. Não sabe quanto tempo durou sua "viagem", mas obrigou-se a voltar à realidade quando a corrente mediúnica abria os trabalhos com um ponto cantado para Oxalá.

A casa era dirigida espiritualmente pelo Caboclo Xangô Sete Cachoeiras e foi ele quem veio abrir os trabalhos. Atuando através de seu médium, passou pela corrente mediúnica abençoando a todos e saudando os consulentes. Seu olhar percorreu um a um dos presentes, demorando-se na jovem cadeirante, o que a fez arrepiar-se e baixar a cabeça. Ecoou seu "Kaô!" preenchendo o silêncio, e bradando em frente ao congá, solicitou que a curimba louvasse os caboclos para que os manos de Aruanda que já se faziam presentes no plano astral do terreiro pudessem irradiar seus aparelhos mediúnicos.

As consultas se iniciaram e Xangô solicitou que lhe encaminhassem a moça da cadeira de rodas. Ao chegar à sua frente, trêmula e ansiosa, não segurou grossas e represadas lágrimas quando ele a saudou, tocando em suas mãos. Assistida pelo cambono que lhe trouxe água e um lenço de papel para secar as lágrimas, aos poucos se acalmou. Enquanto isso Xangô, atuando em nível espiritual, ordenava ao Exu Quebra Pedra que recolhesse aquela entidade renitente que a dominava, mantendo-a na coleira como se fosse um cão. Cortadas as ligações energéticas e desligada a entidade que esbravejava e reclamava vingança e justiça, foi encaminhada a outro departamento para receber o auxílio e esclarecimento. A moça, ressentindo-se, começou a tossir muito, chegando a vomitar. Depois de algum tempo se acalmou e pôde então iniciar o diálogo com o caboclo.

– Oxalá a abençoe, minha filha. Há quanto tempo está nesta cadeira?

– Já faz mais de dois anos que fiquei imobilizada de minhas pernas depois de um problema ocorrido com a anestesia, durante uma cirurgia. E estou sofrendo muito, pois minha vida parou aos 30 anos de idade e eu não acho isso justo. Estou depressiva e revoltada com Deus, pois sempre fui uma pessoa do bem e não consigo admitir um castigo desse tamanho.

– Compreendo sua dor e sua revolta, mas lhe peço que não veja o fato como um castigo de Deus, pois Ele nunca castiga seus filhos. É muito importante que compreenda que tudo em nossas vidas é regido por leis superiores e justas, tendo sempre causas pretéritas envolvidas no efeito presente. Não veja só o presente, se quiser entender sua dor, mas lance seu olhar para aquém desta encarnação minha filha, onde certamente estarão as causas de tudo isso.

A moça, de cabeça baixa, escutava atenta, embora sua mente contestasse e não admitisse essa idéia de pagar pelo passado que desconhecia. O Caboclo, captando seus pensamentos, redarguiu:

– Sei que é difícil ao seu entendimento tudo isso, mas não a julgo e nem por isso deixaremos de auxiliar a filha. O Caboclo tem certeza de que dentro desse peito bate um bom coração, que logo vai esgotar essa mágoa que se instalou dentro dele, para se abrir ao amor.

– Amor... que amor? As pessoas que diziam me amar, hoje me abandonaram. Que valor tem uma mulher aprisionada numa cadeira de rodas? A mulher bonita de quem meu marido tinha ciúmes pelo assédio constante dos outros homens, hoje só recebe olhares de pena. Hoje ele vive com outra pessoa e a única ligação que mantém comigo é o depósito bancário de uma quantia irrisória que não cobre nem as despesas com os medicamentos.

Ao sinal do caboclo, a curimba puxou um ponto de Oxum e embora nenhum médium girasse com as caboclinhas, no plano astral suas presenças se fizeram. De forma mágica, adentraram no ambiente várias entidades dessa vibratória, exalando amor e serenidade através de seu canto suave. Envolveram com energias benfazejas o campo magnético da moça atendida, que anteriormente já havia sido higienizado por Vovó Benta, através de suas ervas verdes. Das mãos das caboclinhas de Oxum se derramavam gotículas de água que eram absorvidas pelos chacras da moça e distribuídos pelo corpo energético, agindo como um medicamento que curava por onde passava. Em seu cardíaco foram colocados organizadores florais[1] com o objetivo de aquietar seus sentimentos, reequilibrando-a.

Ignorando o que acontecia no ambiente espiritual, a moça sentia arrepios pelo corpo e uma sensação de estar sendo banhada por uma água fresquinha.

– Filha, este caboclo lhe pede que volte mais vezes para que o tratamento possa prosseguir. Se lhe falta a fé em Deus, tenha confiança na sua própria força interior e não esmoreça. Como falou Jesus: "Vós sois deuses", significando que todos

1 Recurso energético usado pela espiritualidade de cura, em forma de minúsculas flores que aplicadas sobre os chacras, distribuem ao longo de um tempo predeterminado, doses homeopáticas de medicamentos energéticos reequilibrantes.

nós temos a capacidade de transformar nossa vida, de nos curarmos e até de curarmos aos outros, se acionarmos essa força de que somos dotados. Pense que o fardo se tornará mais leve se for aceito. Tente tirar aprendizado da dor e não se deixe desesperar, para que assim o tratamento espiritual que se iniciou hoje possa ter melhor proveito.

Após a consulente retirar-se, já sentindo acentuada melhora, finalizado o atendimento ao público, encerrou-se a gira.

Naquela noite, o grupo de aprendizes se encontrou sentado diante do Caboclo Xangô Sete Cachoeiras, no ambiente habitual da mata, e ouviu dele a lição que ilustrava a lei cármica em sua ação benfeitora, a serviço da evolução. Ao acordarem, nada lembrariam do relato em si, mas ficaria gravada em seu inconsciente a noção do mecanismo da lei do retorno:

– O homem é dotado da razão e do discernimento para que possa optar entre o certo e o errado, o bem e o mal. Quando seu espírito reencarna e se vê envolvido pela matéria, infelizmente se deixa influenciar por ela, dando o comando ao ego. E daí a perdição! A busca de chegar ao topo efetuada por atalhos, geralmente o leva a rumos incertos onde a dor aguarda.

Vou lhes contar uma história que ocorreu no passado, para que possam compreender o presente:

"Mesmo tendo nascido em berço de ouro, com a bênção de um corpo perfeito e dotada de beleza escultural, carregava em seu coração uma ternura e bondade que a faziam a jovem mais invejada em todo aquele vilarejo. Amava os animais e deles cuidava quando adoentados ou abandonados. Era caridosa e amável com seus empregados e com os mais pobres.

Sua beleza era motivo para muitos pedidos de casamento, os quais recusava, pois idealiza encontrar um grande e definitivo amor com quem se uniria para sempre. Um dos pretendentes, que também era o moço mais bonito e rico do lugar, extremamente vaidoso e sem escrúpulos, acostumado a ter tudo que almejasse, se sentia invadido por louca paixão pela moça. Não se conformando com sua rejeição, resolveu contrariar as leis naturais para assim conseguir obter para si o objeto de seus desejos. Encomendou – e pagou caro por isso – um trabalho de magia junto a uma senhora conhecida até então como curandeira pelos habitantes da vila e arredores. A mulher, que era médium e tinha realmente o dom de curar com suas benzeduras e xaropadas de ervas, havia sido, alguns anos atrás, a amante usada e depois rejeitada pelo pai dessa moça. Por isso, e por viver na pobreza, guardava pela família um rancor enrustido. Dessa forma, sentiu a oportunidade de vingança e não titubeou diante da generosa quantia de dinheiro oferecida pelo rapaz.

Devido aos bons sentimentos nutridos pela moça, o que lhe proporcionava uma proteção especial, as forças do mal se demoraram a conseguir atingi-la. Isso agora se tornara uma questão de honra para a feiticeira, que fortalecia incessantemente a demanda, precisando dar conta do dinheiro recebido do rapaz. Certo dia, de forma inexplicável, os animais cuidados com tanto zelo pela moça foram adoecendo e morrendo um a um e foi inevitável seu desespero. Desta forma enfraqueceu suas defesas e as energias maléficas que rondavam obtiveram êxito, atingindo-a. De forma inexplicável, adoeceu, tomada de extrema fraqueza. Seu pai mandou buscar médicos do exterior para que trouxessem a cura à sua princesinha, mas ninguém conseguia diagnosticar ou medicar o seu mal. Com o tempo, além da fraqueza que havia roubado suas forças e seu sorriso, estouravam bolhas de água pelo corpo todo, causando dores horríveis e tirando sua beleza, pelas fundas cicatrizes que formavam. Sofreu assim por longos anos até que desencarnou, sem nunca ter desistido de lutar para viver.

O rapaz sentiu-se vingado e prosseguiu sua vida de aventuras, achando-se acima do bem e do mal. A feiticeira desencarnou logo depois, queimada no incêndio de sua casa que foi, na realidade, uma emboscada encomendada pelo rapaz para evitar que ela viesse a chantageá-lo no futuro.

Quanto à bondosa moça, logo que chegou ao mundo espiritual compreendeu seu resgate cármico relacionado com um passado distante e agradecida a Deus, perdoou a ambos. Hoje ainda trabalha junto à crosta, como socorrista de espíritos doentes. O rapaz, já em sua segunda reencarnação após o fato, tendo já drenado muitas energias negativas de seus corpos internos na primeira vez, como um mendigo de rua, volta hoje ao cenário terreno no corpo dessa linda e desejada mulher que se vê imobilizada numa cadeira de rodas, necessitada de reaprender a lição. Pela atuação da lei de ação e reação, hoje é vítima de uma magia encomendada pela amante de seu ex-marido. Ressonância daquele passado onde usou o seu poder e dinheiro para magiar quem o havia rejeitado, tirando-lhe o direito de viver. Somando-se a isso, continuava imantada à energia de uma entidade espiritual desencarnada e vingativa, a mesma feiticeira do passado. Encontrando o espírito do comparsa, mesmo tendo agora reencarnado na forma feminina, agia como obsessor, tentando se vingar.

A lei de ação e reação é correta porque busca reajustar os envolvidos no episódio. Tudo o que plantarmos, obrigatoriamente colheremos algum dia. O mais importante, no entanto, não é o resgate, mas o aprendizado que ele visa proporcionar. Por isso o Caboclo pede aos filhos que diante da dor, não se revoltem contra Deus e o mundo, mas busquem em seus arquivos os "porquês" dessa dor. Procurem compreender seu significado e as lições que ela vem trazer. Lição aprendida, dívida quitada.

Agora, após o desligamento da entidade, temos ainda assim dois espíritos necessitados de muita doutrinação e caridade. Ambos são algozes de si mesmos e padecem porque renegam o aprendizado do verdadeiro amor. Ambos sentem-se vítimas e querem vingar quem os fere. Portanto, ambos precisam receber muito amor para que possam assim acordar esse sentimento que dormita em seus corações e mais dóceis, perdoar os ofensores, liberando-se assim dos laços cármicos negativos.

A moça encarnada veio buscar junto à umbanda, o milagre de cura, após esgotar na medicina toda esperança de andar novamente. Não encontrará o milagre, mas o alento e principalmente, pela sua vinda constante ao terreiro, compreenderá que precisa desenvolver dois atributos importantes a qualquer espírito: – o perdão e a aceitação. Quando soar a hora, quando ela estiver pronta, saberá desse passado e aí então, aceitando a vida mesmo com limitações físicas, descobrirá sua força no bem e poderá ser feliz de verdade.

A entidade desencarnada foi hoje desligada de sua atual vítima e já está recebendo auxílio fraterno. Com certeza, respeitando seu livre arbítrio, terá muitas oportunidades de esclarecimento como também de despertar sua luz interior, prosseguindo a caminhada.

Vejam, meus filhos, a importância de desenvolver a racionalidade em detrimento de obedecer à emoção. Um ato impensado num momento de emoções exaltadas pode levar o espírito a séculos de resgate doloroso. Tiremos do exemplo um aprendizado para nossas vidas, e que Oxalá nos abençoe nesta tarefa. Kaô!!!

> Mais uma vez meu Pai Xangô me ajudou
> Neste terreiro vou cantar em seu louvor!
> Ele é meu guia
> É meu protetor
> Na tristeza ou na alegria
> Nunca me abandonou.

Saluba

> À água é uma virtude germinal de todas as coisas; sem ela nenhuma erva ou planta pode brotar. Especialmente os animais, cujo sêmem é de origem aquosa.
>
> Platão

Abaixo da terra, imensa camada rochosa formada há séculos, por condensação vulcânica resfriada. Por entre as placas de cada camada, incentivada pela chuva torrencial, pelos raios e trovões que movimentavam os elementos adormecidos, corria um lençol d´agua que abastecia alguns veios na superfície.

Vencendo as barreiras e encontrando caminhos, auxiliada pelos elementais, brotava com força uma nascente. Surgindo da terra, cristalina e abundante, antes de juntar-se a outros veios para formar o córrego, aconchegava-se quietinha num pequeno poço, assemelhando-se ao útero que acolhe o feto. Era ali que as famílias dos arredores vinham se abastecer do bendito líquido. Depois prosseguia seu caminho por entre pedras e vegetais, deslizando suave por sobre a terra, formando um pequeno córrego que mais adiante se transformava num enorme rio.

Ali era o pequeno paraíso onde Julinha se refugiava desde muito pequena e onde fantasiava seu mundo particular e solitário. Cega de nascença, vivia num mundo à parte do restante de seus irmãos. Seu único e inseparável amigo era o cãozinho Banzé.

Julinha não tinha dificuldade de achar o caminho da fonte, pois seguia o som da água e os latidos do cãozinho. Seus pés deliciavam-se no frescor da água e suas mãos serviam de conchinhas que a faziam saciar a sede. Assim ela permanecia por horas em franco diálogo com "alguém" que só ela enxergava e que era atribuído à sua fértil imaginação infantil, pelos familiares. Toda vez que Julinha chegava na fonte, uma bondosa vovó a acolhia e lhe contava lindas histórias. Mesmo sem a visão dos olhos físicos, quando a bondosa senhora lavava seus olhos com a água da mina, ela passava a ver tudo que acontecia naquele seu mundo especial.

Nunca pedira seu nome, pois a chamava apenas de vovó. Sua infância foi povoada pelas lendas e histórias contadas pela amiga. Histórias de um mundo bom e bonito onde tudo era luz e perfeição e onde a dor não existia mais. Assim, Julia cresceu feliz e sem revoltas pela falta da visão que pouco ou nada lhe limitava a vida. Vovó da Mina D´agua, como passou a chamá-la, lhe ensinava coisas que a faziam sábia, sempre adiante das outras crianças da sua idade.

Vovó ainda a incentivava a desenvolver os outros sentidos físicos, de forma acentuada, e por isso Julinha conseguia identificar os pássaros pelo seu canto, as flores pelo perfume e quando andava, sua mãozinha frágil agia como um verdadeiro radar à sua frente, detectando os perigos do caminho.

Banzé, além de companheiro inseparável, era seu fiel guardião, avisando e defendendo de qualquer perigo. E num dia muito quente, enquanto percorriam o caminho da fonte, Banzé teve que lutar com uma cobra para evitar que picasse Julinha e envenenado pela mesma, morreu. Auxiliada por seus irmãos, Julinha o enterrou próximo à fonte e lá plantou muitas flores. Foram dias muito tristes para a menina, pois o amava como a um irmão. Seu consolo veio de Vovó, quando afirmou que cuidaria dele do outro lado da vida e que um dia eles voltariam a se encontrar.

Quando Julinha completou doze anos, a Vovó lhe falou que se chamava Nanã e que não tinha um corpo físico como ela, pois pertencia ao mundo espiritual e que por necessidade não apareceria mais a ela, a partir daquele dia. A menina, chorosa, implorou que não a abandonasse, pois seus dias seriam monótonos e descoloridos sem sua presença e sem os passeios até a nascente. Mas a vovó a fez compreender que já era hora de assumir sua encarnação e andar pelas próprias pernas. Garantiu que só não se faria visível, mas não a abandonaria nunca.

Julinha, agora adolescente, continuava a visitar a fonte e lá se refugiar sempre que as dores do mundo real a atribulavam. De lá sempre voltava aliviada e parecia renascer, arrecadando novas energias. Deitada sobre a relva macia e úmida, lembrava dos ensinamentos de Nanã:

> A vida renasce a cada segundo e nunca morre. Morre somente quem não ousa sonhar para viver. Morrem os que não enxergam com os olhos do espírito, pois se impõem viseiras. Por isso, menina, sonhe sempre, para viver eternamente.

Agora Julinha, no frescor de seus dezoito anos, fazia parte do grupo de médiuns que participavam daquele projeto astral de conhecimento dos reinos da natureza, sítios vibratórios dos orixás na Terra.

Naquela noite seriam levados a conhecer o reino de Nanã, considerada a "vovó" dos orixás, a manifestação mais velha das Iabás. Mas Julia não foi avisada sobre isso. Auxiliada a sair de seu corpo físico por seu protetor, estranhou que todos os outros componentes do grupo estivessem ali, na contraparte astral de seu quarto, quando isso aconteceu.

– Nossa, que "côrte" especial me aguarda hoje! Quanta honra!

A cegueira que limitava seus sentidos era apenas um resgate físico e não afetava seu corpo energético. Por isso, quando fora da matéria, Julia enxergava perfeitamente.

– Onde vamos hoje? Indagava ela, curiosa e feliz por participar de mais uma aventura noturna junto dos amigos.

– Segredo! Responderam em coro.

– Xi... isso me cheira mal. O que vocês estão me aprontando? Saibam que posso processá-los por abuso de incapaz!

Todos riram, enquanto se dirigiam ao reino de Nanã, uma das fontes que originavam um grande rio do planeta. Visto do alto, tanto o ambiente físico quanto o astral eram de uma beleza tão grande que não deixava dúvidas de que a paisagem nada mais era do que um quadro pintado pela mão do próprio Criador.

O ambiente energético mais parecia um berçário natural de elementos e elementais. A água, saindo da terra através de várias vertentes que se abriam para fluir dela o mais essencial dos elementos, se comparava a uma mãe parindo o filho para entregá-lo ao mundo. O som e cor da água no ambiente energético não se comparavam em nada ao que se podia perceber no plano terreno. Era uma sinfonia indescritível, onde seres minúsculos bailavam e organizavam a vida.

Todos desceram e enquanto admiravam cada detalhe, não se deram conta de que Julinha havia sentado numa pedra, estática, admirando o brotar da água, enquanto lágrimas de saudade também brotavam de seus olhos. Quando ela suspirou fundo, todos perceberam que o som da nascente se acentuou e agora parecia uma canção de ninar. Das águas, que aumentaram de volume ao brotar da terra, surge uma figura feminina e diante da emoção de Julia, todos choraram:

– Vovó!!! Minha vovó! – exclamava ela, jogando-se nos braços da entidade cuja coroa brilhava sobre sua cabeça, irradiando de seu corpo pequenas gotículas de água que se espalhavam no ambiente, deixando uma sensação de muito aconchego.

Enquanto à enviada de Nanã ninava a sua menina, todos se prostraram de joelhos na água, abençoando a natureza e agradecendo aos sagrados orixás. Aqueles espíritos compreendiam, naquele instante sagrado, o total valor do renascimento, do vai e vem necessário dos espíritos em evolução. Ali, diante do nascer daquele elemento do qual nos alimentamos enquanto feto dentro do útero materno, além de ser o elemento que compõe nosso corpo material em dois terços dele, entendiam sua real e vital importância. Agradecidos porque é ela, a água, que mantém a vida sobre o planeta Terra, promovendo o eterno nascer.

Julinha ficaria ali, embalada pelo amor que sustentou sua infância e que lhe deu suporte para a tarefa nada fácil que a aguardava na vida adulta. Enquanto isso, o restante do grupo prosseguia, seguindo o caminho das águas na sua missão de contornar os obstáculos e seguir sempre adiante.

Aiê Iêu

> O Orixá Oxum corresponde à nossa necessidade de equilíbrio emocional, concórdia, amor, complacência e reprodutiva.

"Se essa é a garganta do diabo[1] como não será a garganta de Deus?".

Era a expressão usada por eles diante daquela beleza toda. A água que há pouco viram brotando tímida da terra, agora transformava-se num turbilhão que desaguava forte naquelas imensas cachoeiras. No início, o nascer de um bebê, que cresceu e se transformou naquele gigante indomável, gerador de tão preciosa energia para a humanidade.

Quando a noite chegava, a escuridão afastava os homens daquele sítio vibratório, mas a lua cheia que bailava no céu acordava outros tantos seres do mundo etéreo que mostravam a vida em toda sua intensidade, naquele paraíso aquático. E quanta vida existia ali!

Era um mundo a parte. A imensidão de água em queda li-

---

1 A Garganta do Diabo é a queda com maior fluxo das Cataratas do Iguaçu, que têm cerca de 275 quedas de água, com uma altura superior a 70 metros ao longo de 2,7 km do Rio Iguaçu. A Garganta do Diabo principia em forma de "U" invertido com 150 metros de largura e 80 metros de altura.Está localizada no Parque Nacional do Iguaçu , estado do Paraná, Brasil, fazendo fronteira com o Parque Nacional Iguazú, na província de Misiones, Argentina

vre liberava enorme evaporação que já voltava às nuvens. Era o ciclo natural das águas que, mesmo antes de chegar ao mar, faziam o caminho de volta para que a natureza pudesse certificar-se de que tão precioso líquido não faltaria à criação.

Envolvidos pelas energias benéficas das cachoeiras, o grupo não percebeu que estava sendo rodeado pelas Iaras, caboclinhas de Oxum, e que tal sensação provinha de suas emanações amorosas. Mas a luz se fez tão grande que todos "acordaram" do êxtase e saudaram respeitosos a cada uma delas.

Então um canto sereno e doce se fez ouvir. Era o canto de Mamãe Oxum, a Senhora das Águas Doces que encanta com seu canto. Tudo era mágico naquele local e momento. Seus corações pareciam não mais bater para não interferir nas sutis vibrações daquele Templo Sagrado. Era tanto amor, tanta ternura que só podia mesmo ser medido e sentido fora da matéria densa que ainda forma o corpo físico.

Instruídos pelos amigos espirituais que os conduziam naquele projeto astral, os meninos sentaram-se ao lado da cachoeira e ficaram observando o que aconteceria no plano energético do local, a partir de então.

Ao pé da pedreira que ladeava a cachoeira, por entre as árvores, abriu-se uma espécie de portal que transpunha os dois planos, de onde surgiram mais caboclinhas de Oxum, trazendo alguns espíritos femininos em desdobramento sonambúlico. Com muito cuidado e carinho, as levavam para debaixo da água e com as mãos, que mais se pareciam com a continuidade de seus próprios corações, magnetizavam o cardíaco das mulheres, bem como seus ventres. Em quase todas elas se repetia o mesmo ritual e de algumas vertia um liquido viscoso e escuro que era levado embora pela água.

São mulheres que precisam receber este tratamento para desmagnetizar traumas relacionados aos sentimentos e à geração. São trazidas durante o sono físico para que este Orixá, a quem chamamos de Senhora das Águas Doces, possa curá-las através de suas enviadas. É o amor curando a dor – explicava o instrutor.

Quando a fila parecia acabar, surgiram no portal, dois guardiões carregando duas mulheres. Olhar parado e triste, vestes estraçalhadas, sangravam muito. Entregues às caboclinhas e amorosamente acolhidas junto ao peito, foram conduzidas à cachoeira. Enquanto isso, outro grupo de caboclinhas de Oxum iniciou um canto suave e enternecedor, que levou o grupo às lágrimas. A demonstração de acolhimento, de aconchego das entidades espirituais para com aquelas criaturinhas doentes, era tão grande e bonita quanto de uma mãe amamentando seu filho recém-nascido. Era a demonstração do amor na sua mais pura expressão.

Quando colocadas debaixo da água, ambas "acordaram", e assustadas, tentaram fugir. Foram envolvidas em laços fluídicos que as contiveram, para que pudessem lavar seus espíritos tão danificados por seus atos impensados.

Essas nossas irmãzinhas, por motivos que lhes pertencem e não nos cabe julgar – continuou o instrutor – cometeram abortos ao longo de sua vida encarnada, onde vendiam o corpo para sobreviver. Após o desencarne, viram-se no inferno consciencial e obsediadas por alguns dos espíritos que impediram de reencarnar; enlouqueceram, vivenciando seu remorso. Depois de um tempo nos umbrais da crosta, foram socorridas e hoje se encontram internadas numa estação de tratamento especializado, numa das colônias do mundo espiritual. Foram trazidas para a cachoeira para que pudessem, além de limparem-se energeticamente, agilizando a cura de seus corpos, também despertar novamente os sentimentos nobres existentes em sua essência. O contato de seus corpos espirituais com o elemento água, naquele manancial sagrado pelas suas vibrações elevadas, agia como poderosa injeção de importantes substâncias astrais que necessitavam repor em seus corpos internos. O corpo emocional, por sua vez, recobrava ali naquele lugar, onde tudo vibrava amor, bastante do equilíbrio perdido durante o estágio umbralino, onde o desespero e a culpa haviam sugado suas melhores energias. Já era visível a diferença que se fazia em seus corpos e expressões quando retornaram para seu mundo.

– Agora, por favor, observem aquela pedra maior ao pé da cachoeira – solicitou o orientador.

O olhar atento e bastante expandido dos meninos se direcionou ao local e puderam perceber que no seu topo estavam expostos alguns objetos materiais, guardados dentro de uma espécie de bolha transparente. Era uma oferenda deixada ali, horas antes, por um grupo de pessoas. Além de uma ave morta, havia garrafas com etílicos, pratos plásticos, velas, charutos, panos de cetim e a foto de uma pessoa. No plano material, os alimentos eram consumidos pelos pequenos animais que brotavam da terra, enquanto no plano espiritual, entidades rastejantes e viciadas, desejosas de absorver o éter exalado da oferenda, eram impedidas de adentrar o local pelos guardiões.

A bolha energética sobre a oferenda é uma contenção da irradiação negativa no ambiente. As mentes desavisadas que colocaram ali seus desejos de obtenção de amores impossíveis, de coisas que contrariam a lei maior, imantaram os elementos e objetos com suas vibrações que não combinam com a sutileza deste sítio sagrado de um dos orixás. Diante disso, age ali a força dos enviados do Orixá Ogum, impedindo que esta lei seja transgredida, pelo menos a nível espiritual.

– Deveriam largar de volta na porta da casa das pessoas que deixaram essa sujeira toda aqui na natureza – falou Juliano por entre os dentes, ao que todos sorriram, mas concordaram.

– Com certeza, Juliano, as pessoas que agem desta forma, além da mal informadas a respeito dos orixás e de suas energias, não têm o menor cuidado com o Sagrado. Aqui na "casa de Mamãe Oxum", tanto quanto na casa de cada pessoa, a sujeira incomoda. Ignoram ainda, na maioria das vezes, dentro dos cultos religiosos, que a melhor oferenda que podemos dar aos orixás é o nosso amor ao Universo todo, é o respeito à natureza, é a nossa própria transformação interior.

– Então elas perderam seu tempo e dinheiro fazendo este tipo de "troca"? Não vão receber a concretização de seus pedidos? – indagou Juliano.

– Não através da energia de Oxum. Pois não se negocia o sagrado. Se eu quero atrair um amor, tenho primeiro que amar de verdade, incondicionalmente e de forma limpa. Sem desejos torpes, sem egoísmo, posse ou a custo da desgraça alheia. Esse tipo de atitude não deixa de ser uma forma de obsessão para com a pessoa desejada, e essa energia não agrada aos orixás. Por que não plantar flores ou árvores ao pé da cachoeira em vez de sujar este lugar tão bonito? Essa atitude sim, seria uma oferenda muito bem aceita, que beneficiaria o Universo todo.

– Apesar da benevolência dos guias e protetores que cuidam da humanidade e de sua compreensão pelo atraso evolutivo em que ainda vive a maioria das pessoas, não há como aceitar que ao mesmo tempo em que cultuam os orixás como parte ou até essência da natureza, maculem seus locais sagrados. Tomemos como exemplo a própria Oxum, que simboliza o amor universal e incondicional na sua mais pura concepção. Deixar lixo no seu sitio vibratório é uma forma manifesta do egoísmo, uma vez que a pessoa, em busca de algo para si mesma, ignorou que os objetos largados na natureza terão repercussões negativas e nocivas ao resto da humanidade, por muitos anos, inclusive para seus descendentes.

Algumas pessoas já possuem discernimento e, mesmo fazendo suas oferendas materiais, sabem que somente o seu duplo etérico será absorvido pelo mundo astral, e desta forma, após algumas horas, voltam e resgatam a matéria, limpando o ambiente sagrado da natureza. Porém ainda são pouquíssimas que agem dessa forma. Infelizmente!

– E se a oferenda fosse realizada somente com elementos perecíveis, que não contaminassem ou agredissem a natureza, seria correto?

– Além da agressão à natureza, o certo ou errado está na intenção com que se faz a oferenda, pois os materiais utilizados na verdade são somente condensadores energéticos. A magia é mental, meu irmão!

Se a intenção for maldosa, que venha a prejudicar quem quer que seja, contrariando as leis cósmicas, será aceita e absorvida por entidades afins com aquele tipo de energia, jamais por um espírito enviado dos orixás. Entidades essas que se associarão ao negociante, vendo nele alguém que pode sustentá-los energeticamente. Pelo seu baixo padrão vibratório, certos espíritos ainda necessitam desse tipo de alimento ou necessitam saciar a sede de seus vícios.

Claro que uma oferenda realizada dentro das Leis e com os elementos corretos, é recebida pelas entidades superiores, que extraem deles e revertem o prana em favor do próprio ofertante. Quando uma oferenda é solicitada por uma entidade verdadeira de umbanda, esta entidade vai ensinar como ela deve ser feita, onde deve ser feita, por que deve ser feita e quando deve ser feita. Mas tenham certeza absoluta de que jamais uma entidade de umbanda vai macular com isso um sítio da natureza.

Enquanto isso, as caboclinhas de Oxum se movimentavam em vários trabalhos de auxílio, sempre vibrando intensamente as energias do amor. Cada uma delas mais parecia uma deusa, distribuindo sorrisos encantadores, e sem que eles percebessem, os levaram para debaixo da cachoeira para banharem-se em suas águas doces. As palavras eram plenamente dispensadas naquele local.

E o encantamento continuou. Hipnotizados pela beleza das caboclinhas e doçura de seu canto, se permitiram deixar que elas e suas doces águas lavassem suas almas, fazendo florescer a essência de cada um. Amor e tão somente amor, era o que agora exalava em fios brilhantes de seus corações.

O enlevo era tamanho que os meninos não perceberam que aquelas águas os levavam, na sua mansidão, além do tempo, para acordar na turbulência do encontro com as águas do mar, onde reina Oxum Marê. Dentro de cada um, agora, o acordar de sentimentos que traziam à tona o passado, para se juntar ao presente e recolocar tudo no devido lugar. Até que as doces águas, misturando-se e cedendo ao mar, se misturaram formando um só leito, sereno e acolhedor. E na placidez das águas que se acomodavam, também eles serenavam, sentindo-se curados em seus sentimentos, para acordar agora no plano físico, cada um no seu leito.

Mesmo tendo que cumprir as tarefas normais pertinentes ao corpo de matéria e com todos os problemas normais do dia a dia, os componentes do grupo, sem exceção, viveram um dia de êxtase, onde tudo era paz e harmonia. Embora bastante emotivos por ainda vibrarem as energias da vivência astral noturna, não havia provocação alguma que os conseguisse tirar daquele enlevo.

– Estou preocupada com Juju – falava baixinho dona Maria para a vizinha, que a ouvia encostada na cerca.

– Isso não é novidade! – respondia a vizinha sorrindo. A senhora está sempre preocupada demais com esse menino dona Maria. Ele está ventando novamente?

– Pior é que não! Faz dois dias que ele mal fala. Me beija muito, fala que me ama. Se lhe pergunto algo, responde baixinho, olhar distante, parece que está no mundo da lua. Será que não anda experimentando essas porcarias na rua?

– Deus nos livre, dona Maria! Que idéia! Esconjura. Juliano não é menino de se meter com isso, não! Vai ver, está apaixonado.

O que Dona Maria não compreendia é que Juliano ainda estava envolvido na energia de Oxum, curtindo as vibrações indescritíveis e impossíveis de compreender na sua plenitude, aqui no plano físico. Era o êxtase vivido no mundo astral, trazido para o mundo físico, e que repercutia na vida de cada um dos meninos e que nenhuma droga, nenhuma outra vivência terrena conseguia alcançar jamais.

No terreiro IV

A gira transcorria normal. Muitos atendimentos estavam sendo realizados pelos bondosos pretos velhos e muitas pessoas ainda aguardavam, sentadas na assistência. Alguns inquietos, pela ansiedade e necessidade daquilo que achavam ser a solução de seus problemas. Outros, de olhos fechados, oravam ou cantavam os pontos, juntos com a curimba.

No seu cantinho, sentadinha no seu toco, Vovó Benta a tudo observava e cantarolava. Com seu galho de arruda e seu "pito" de palha, recheado de fumo e alecrim, mandingava auxiliando os filhos de fé. Muitas outras entidades, que no momento não irradiavam seus médiuns, se movimentavam no plano astral do terreiro, em pleno desempenho de suas atividades. Trabalho era o que não faltava no "mundo dos mortos", como costumava brincar Vovó Benta.

De repente, um homem, ao sentar em frente à preta velha Maria Redonda, começou a passar mal. Suava frio e tremia muito, além de sentir falta de ar, como se lhe apertassem a garganta. Do lado físico, foi amparado pelos médiuns da casa e no lado astral, as providências também foram tomadas pelos trabalhadores espirituais. A mando de Ogum, foi retirada uma entidade desequilibrada e enraivecida que entrou junto com ele, a qual mantinha algumas outras grudadas em seus plexos, vampirizando a criatura encarnada. Retirada a entidade, com cuidado foram desligados dele todos aqueles espíritos ovoidizados[1] e socorridos amorosamente pelas pretas velhas.

O homem, que chegou a perder a consciência por breves instantes, agora em lágrimas, se recobrava recebendo o passe de Maria Redonda. Enquanto isso, Vovó Benta solicitava que a corrente puxasse um ponto de Oxum. E as caboclinhas, com toda a doçura que é característica dessa vibração, foram chegando ao terreiro e recolhendo do colo das pretas velhas os espíritos doentes, cuja forma havia se perdido por ainda plasmarem em seus mentais a forma fetal de quando foram abortados. Era tanto amor a envolvê-los, que mesmo semi-inconscientes, passavam a emitir sons parecidos com um choro infantil. Era o sinal de que estavam sendo paridos, estavam nascendo para uma nova vida. As caboclinhas os aconchegavam junto ao peito e cantarolando, eram embalados enquanto faziam sua gira pelo terreiro, captando dos médiuns o ectoplasma necessário para auxiliar no refazimento daqueles corpos mutilados pelo "desamor". Agora seguiam com eles para a cachoeira, onde seriam revitalizados naquele sitio sagrado, pelas energias da natureza. Depois seriam conduzidos a um "berçário" de uma das unidades do hospital Maria de Nazaré do mundo espiritual, situado na contraparte astral daquele terreiro.

Já refeito e em equilíbrio, o homem saía do terreiro repensando sobre tudo o que ouvira da preta velha. Ninguém nunca, lhe havia falado tantas verdades de forma tão amorosa, como também há muito tempo não se sentia tão bem como agora. Acostumado que estava a tudo resolver através do dinheiro, era frequentador de lugares onde vendiam o sagrado. Locais onde os "vendilhões" do templo negociavam a mediunidade e faziam qualquer troca com qualquer tipo de entidade. Mesmo camuflados com o nome de umbanda e usando de forma inadequada o nome dos orixás e das entidades da luz, deturpavam e invertiam a polaridade da magia, usando-a para interesses próprios e contrários à Lei Maior.

Dono de um bordel há mais de 20 anos, estava acostumado a explorar mulheres de todas as idades e desta forma havia

1 Ovoidizados: espíritos que perderam a forma humana, não a possuindo mais no corpo astral, que é o modelo organizador biológico.

conseguido um bom patrimônio. Sempre protegido por "bons" advogados e por guarda-costas brutamontes, sentia-se o dono da lei, a qual revertia a seu favor na maioria das situações.

Já perdera a conta do número de abortos que providenciara através de um médico de sua confiança, para as suas "meninas". Pagava bem, mas exigia que elas trabalhassem de acordo com suas normas e dentre elas, era proibido engravidar. Porém vez ou outra acontecia alguma gravidez, o que ele chamava de "acidente de trabalho". O que a "justiça" dos homens não lhe concedia por bem, ele conseguia manipular e mudar através da magia paga. Até o dia em que uma menina menor de idade morreu ao realizar o aborto e isso gerou uma condenação ao médico, que para não entregá-lo também à justiça, exigiu que pagasse todas as custas de sua defesa e soltura da prisão. E isso lhe custou a pequena fortuna que havia angariado.

Falido, o poder o abandonou. Os "amigos" sumiram, a clientela também. E como se não bastasse, há algum tempo vinha adoecendo de forma estranha. A medicina nada constatava em seu corpo físico, além de uma inflamação séria de próstata, que de certa forma mantinha controlada pelos medicamentos. Não conseguia dormir à noite, pois escutava choro de criança em seus ouvidos, o que o estava enlouquecendo.

Sem dinheiro para pagar, não obteve mais ajuda da magia. Por isso, a conselho de um parente seu, veio buscar ajuda na caridade. Estava saindo daquele lugar simples e onde nada lhe cobraram com uma sensação de alívio, mas consciente de todos os erros que havia acumulado e do quanto haveria de ter que tentar consertar e mudar atitudes, ainda nesta existência. Levava consigo um pedido de Maria Conga: – que se voluntariasse em algum abrigo de crianças abandonadas e lá prestasse sua caridade. Isso lhe pesou muito aceitar, pois não tinha nenhuma afeição por crianças, mas se essa era a troca que lhe exigiam para que melhorasse, faria um esforço.

A gira acabava e Vovó Benta levantava de seu toco para dar sua gira pelo terreiro e despedir-se dos filhos. Porém antes disso, solicitou a atenção de todos:

– Saravá meus filhos! Antes de subir, nega véia vai explicar algumas coisas para o aprendizado de todos. A oportunidade da reencarnação é um presente precioso para os espíritos. Desejado por tantos, mas só conseguido por alguns. Principalmente nesses tempos em que as pessoas não querem mais receber muitos filhos em seus lares. Lá no departamento de reencarnação a fila se avoluma, pois estar desencarnado não é sinal de estar equilibrado e feliz. Se aqui, os filhos têm calmantes de todas as espécies para suas dores, lá do outro lado não tem remédio que acalme a dor consciencial e por isso a reencarnação é tão desejada, uma vez que com ela vem o "esquecimento" e oportunidade de consertar os erros.

Quando toda a programação realizada em torno de uma reencarnação é boicotada, nem sempre ou quase nunca o espírito compreende e aceita sem revolta o fato. Devido ainda ao baixo nível evolutivo da maioria dos espíritos que necessitam reencarnar, estes sofrem muito e passam a odiar os envolvidos, obsediando ou servindo de instrumento para que os malfeitores do submundo usem-nos como vampiros das energias dos encarnados.

Nega veia não está aqui julgando nenhum filho da terra, mas sejam quais forem os motivos, quando o aborto é provocado haverá sempre uma marca profunda que ficará como ferida latente na consciência da mãe, gerando culpa. E essa culpa é o atrativo para a obsessão, talvez não daquele espírito abortado, mas de outros que aproveitarão o fato.

Apesar da lei de ação e reação, que é automática e vai ser aplicada, nunca é tarde para mudar o rumo da vida. Se o plantio foi de espinheiro, cuide bem desse espinheiro para que ele possa produzir também flores, amenizando assim o quadro. Compreendendo que errou, perdoe-se e busque o perdão do espírito abortado, orando muito por ele, enviando-lhe luz e pedindo que o mesmo possa ser recebido por alguém de bom coração. Quem sabe ainda não possa voltar como um familiar seu? Dedique seu tempo vago para outras crianças que necessitam de cuidados especiais, estejam abandonadas, ou adote uma criança rejeitada.

O que não tem remédio, remediado está. Fugir da situação, fingindo que nada houve e omitindo-se ao auxilio fraterno, mas corroendo-se em remorsos, de nada vai ajudar. Agindo assim, o que pode acontecer, além de adquirir sérios problemas emocionais e espirituais, é desencarnar com extrema culpa e amargar com ela por algum tempo na erraticidade.

Àquela altura da prosa, alguns médiuns, já com lágrimas nos olhos, avaliavam seu comportamento diante do assunto e entendiam perfeitamente o recado dado amorosamente por Vovó Benta. Dando sua bênção, despediu-se, convidando a todos para juntarem-se a ela durante o sono e seguiu rumo ao Hospital Maria de Nazaré, pois lá sim, havia trabalho extra a ser feito.

Odoiá

> A Orixá Iemanjá corresponde a nossa necessidade familiar, estrutural, de amor fraterno e bens materiais.

A brisa do mar os acolheu na dimensão astral daquela grande calunga, para onde se dirigiram naquela noite. Se no plano material o mar é deslumbrante e misterioso, no plano extrafísico ele se mostra sem mistério algum e de uma beleza muito maior.

Falangeiros de Ogum Beira Mar os aguardavam na orla marítima onde prestavam serviço de guardar o local, bem como de auxiliar os visitantes que chegavam e partiam em grande número, o tempo inteiro.

Presenciaram ali na praia as caravanas de espíritos desvitalizados que eram trazidos pelos trabalhadores do mundo espiritual superior. Todos espíritos recém desencarnados e ainda em processo de desligamento do corpo físico ou mesmo outros que há décadas viviam no mundo espiritual, mas perdidos e andarilhos, e por isso ainda ligados à matéria, e que agora aceitavam ajuda para evoluir.

Além da energia marítima que lavava e renovava suas energias e corpos espirituais, ainda eram acolhidos e serenados em seu mental, pelas caboclinhas de Iemanjá, com seu canto de mãe amorosa. Renovados e limpos, era ali naquele sítio sagrado que muitos espíritos conseguiam acordar de seu sono da chamada morte e perceber a realidade da continuidade da vida.

– Incrível isso! Exclamava Juliano. Quem diria que o aparente silêncio e vazio da praia noturna no plano físico, esconderia todo esse movimento no plano energético-espiritual.

– Pois é, Juliano. Se as pessoas tivessem noção disso talvez fossem mais comedidas durante o dia e deixassem a praia mais limpa e a água do mar menos poluída – enfatizou a instrutora da noite – pois não há como isso não se refletir no plano astral.

– O problema é que as pessoas pensam somente no próprio umbigo e na busca de prazeres, acreditam que precisam viver intensamente o dia de hoje. Dane-se o futuro!

– Esquecem porém, que muitas vezes já precisaram passar por este processo de "reciclagem" em suas passagens para o mundo espiritual e que, necessariamente, passarão muitas outras vezes ainda. Vejam, por exemplo, novamente o reflexo negativo das oferendas mal orientadas, aqui neste pedacinho de praia. Quanto vidro quebrado, quanta matéria plástica amontoada, restos de vela e outros detritos não perecíveis a pequeno ou médio prazo. Ampliem suas visões no sentido espiritual e observem o trabalho que esse amontoado de lixo dá aos servidores do mundo espiritual. Vejam quantas entidades trabalhadoras estão sendo direcionadas somente para transmutar ou neutralizar o duplo etérico desses objetos para que diminua um pouco seu efeito neste sítio sagrado.

No plano terreno, esses elementos poderão levar séculos para se deteriorar e até lá, estarão machucando ou matando a natureza sagrada dos nossos amados orixás, repercutindo de forma negativa, na vida do planeta. Ou seja, o desequilíbrio humano desequilibrando a natureza, afetando o "todo".

Depois de várias constatações e observações da praia, o grupo foi convidado a sentar-se numa plataforma de embarque que havia no local e de olhos fechados, apurar a sua audição. Por se encontrarem fora do corpo físico, em corpo astral, todos os sentido estavam ampliados e mais sutis. Dessa forma, chegava aos seus ouvidos uma espécie de melodia misturada ao som de um assovio. Sentiram que uma leveza tomava conta de seus corpos, ao mesmo tempo em que uma brisa gostosa os envolvia. Quando foram autorizados a abrir os olhos, se viram deslizando por sobre a água, levados por uma força que independia de suas vontades, como se estivessem em cima de esquis. Sem medo nenhum, sentindo-se plenamente seguros, seguiram confiantes, pois os guias orientadores os acompanhavam. Em alto mar, um empuxo mais forte os conduziu ao fundo do mar.

Agora um pouco assustados, percebiam que embora dentro da água, seus corpos não estavam molhados e podiam respirar normalmente. Mesmo sem entender o que acontecia, seguiram o rastro de uma linda mulher-sereia que os guiava, deixando-os no portal de uma imensa construção que se destacava na paisagem marítima. Parecia, aos seus olhos, um conjunto de prédios circulares feitos de algo muito semelhante ao vidro, mas de um azul fosforescente que iluminava todo o local, dentro e fora.

Na enorme porta que se destacava, abrindo para um hall magnífico em forma de âncora, foram gentilmente recebidos por dois guardiões de tamanho bastante avantajado que os conduziram a uma ampla sala. A arquitetura do local os impressionou por demais. Tudo era muito diferente e parecia mesmo que estavam num mundo surreal. Acomodaram-se em poltronas que mais pareciam algas marinhas e através da amplidão que oferecia o local, apreciavam a toda paisagem externa. Havia um movimento de seres, alguns um pouco diferentes da forma humana, mas na maioria eram pessoas comuns. Ali era uma cidade, por mais incrível que pudesse lhes parecer. E o mais surpreendente é que, tratando-se do fundo do mar, tudo era preenchido pelo elemento água, mas esta funcionava como se fosse o ar que se respira fora dela, numa cidade normal da crosta terrena.

Enlevados pelas imagens, foram surpreendidos pelo cumprimento de uma voz feminina, muito suave.

– Salve, crianças! Sejam bem-vindos ao sítio natural de Iemanjá!

Todos viraram ao mesmo tempo e demoraram para identificar, em meio ao clarão da porta do salão, a figura de uma mulher que parecia não ter pés e deslizava em vez de caminhar. Seu vestido prateado era como tudo ali: fosforescente. Seu sorriso e seus braços abertos os magnetizaram de tal forma, que um a um foram ao seu encontro, recebendo o abraço maternal mais confortante de suas vidas. E depois do abraço as lágrimas, que rolavam de suas faces, espontâneas, cheias de emoção e alegria.

No mental de cada um, só uma exclamação: Iemanjá!

– Filhos amados, esquecem, acaso, que Iemanjá é um orixá e por isso uma energia? Sou só um espírito em evolução, vivendo fora da matéria física, mas no mesmo planeta em que vocês vivem. Sou apenas uma enviada Dela, milhões de degraus abaixo de onde Ela está. Mas estou aqui para os servir!

Claro que eles sabiam disso, mas já se convencionou chamar pelo nome do orixá a entidade que o representa em terra. Por outro lado, eles ficavam imaginando como seria o explendor de um orixá, se fosse possível enxergá-lo com os olhos humanos. Porém, como umbandistas estudiosos que eram, sabiam que orixá, sendo uma irradiação divina, é intangível.

Por horas a fio perguntaram e ouviram as mais valiosas explicações sobre esse mundo astral-marítimo, a grande Calunga, que abriga uma imensidão de espíritos, elementos e elementais. Depois, a convite da entidade que os acolhia, passaram a visitar os outros departamentos do local. Iniciaram por um amplo salão que, ao contrário da sala onde estavam, era quase sem luz. Guiados por um guardião que mantinha uma espécie de lanterna iluminando o chão, foram se acostumando à penumbra e informados da real situação do local. Tratava-se de uma câmara de recebimento de espíritos recém desencarnados no mar, cujos corpos não eram resgatados e por isso, alguns deles mantinham em seu mental a impressão de que permaneciam vivos no fundo do mar, em sofrimento.

Mesmo desligados de seus corpos materiais, que já se deteriorara pela ação da água salgada, eles transmitiam aos seus corpos espirituais ou energéticos a impressão de afogamento. Muitos tossiam desesperadamente como se estivessem sufocando, outros se debatiam, gritavam por socorro até perder as forças e desmaiar. Embora estivessem recebendo todo o amparo e tratamento adequado, era natural esse tipo de reação devido ao estado de choque da morte brutal, em espíritos que nada sabiam da continuidade da vida. Intensa era a movimentação de trabalhadores e de elementais que realizavam a limpeza e tentavam acalmar-lhes as mentes conturbadas.

No próximo departamento já havia mais luz e mais calmaria. Era a segunda etapa do tratamento, após o despertar e a aceitação da morte do corpo físico. Estavam ainda acamados e frágeis, mas conscientes. E junto de cada leito, ajudantes abnegados doavam energias e conversavam amorosamente com os convalescentes.

– Depois desse estágio, eles voltam às colônias espirituais da terra? Perguntou Julinha.

– Alguns optam por seguir os caravaneiros que de tempos em tempos passam fazendo o recolhimento, outros preferem ficar aqui servindo, pois se afinizam com o mar, como geralmente acontece com os marinheiros e pescadores. Mas como nada é estático no Universo e de acordo com a necessidade, saem daqui muitos desses, para o reencarne necessário. É a lei de evolução!

– Como a água que nasce, percorre seu caminho, chega ao seu destino e depois se evapora retornando para onde veio, para logo em seguida voltar e efetuar todo o ciclo novamente, os seres humanos também evoluem desta forma. Embora muitos, enquanto no corpo carnal, não concebam a reencarnação e continuidade da vida fora da matéria, assim também dizem que "águas passadas não retornam". Tanto retornam que se evaporam! Às vezes as pessoas falam sem raciocinar, deixando que as palavras saiam somente da boca, sem passar pela consciência nem pelo coração, pois aos consultá-los, saberemos das verdades da vida lá acondicionadas ao longo das eras.

Infelizmente, enquanto não se permitem retirar as viseiras da ignorância, a verdade continuará sendo apenas o pedaço que cada um pegou daquele imenso espelho que jogaram do alto e se quebrou em milhões de cacos.

Seguindo a visitação, foram convidados a observar um amplo ambiente fechado, de paredes transparentes, que possibilitavam a visualização externa. Sentados confortavelmente, se muniram de óculos especiais para que pudessem ter a visão mais apurada, alcançando assim as imagens do local. Foram instruídos pelo guia que isso se tornava necessário porque eles ainda eram seres encarnados e embora em desdobramento astral, não conseguiriam alcançar com a visão normal a sutileza da matéria constituinte das entidades que ali estavam.

Depois de equipados, foi geral a exclamação de surpresa. O que se apresentava diante de seus olhos era algo surreal. O mundo elemental na sua mais pura expressão, com seres que poderiam chamar de sereias, ninfas ou iaras, como em outros momentos onde já as haviam avistado nos reinos visitados. Porém ali, esses pequeninos seres se apresentavam constituídos de uma matéria tão sutil, tão diferenciada que ao movimentarem-se, se confundiam uns com os outros e com a própria luz. E seu movimento era intenso, manipulando amálgamas tenuíssimos que eram tratados e depois acondicionados em frascos semelhantes a tubos de ensaio. Esses amálgamas eram retirados de corais marítimos e de algumas plantas do fundo do mar, de uma forma tão "essencial" que os seus doadores não pereciam, sendo devolvidos vivos ao seu ambiente in natura.

O guia informava a eles sobre o destino daquela energia concentrada:

– Estes elementais não vivem confinados, até porque este não é seu ambiente natural. Estão aqui em trabalho e pertencem a uma dimensão diferenciada dos outros aos quais a humanidade tem mais acesso. Eles têm a incumbência de extrair e manipular a essência de algumas substâncias raras existentes na natureza, de grande valor para o mundo espiritual. Trata-se de medicamentos que serão usados para cura de corpos espirituais, após seu desligamento do corpo físico ocasionado por acidentes onde o mesmo se desfez por completo, como por exemplo uma vítima de bomba explosiva ou pessoas cujo corpo físico foi exterminado pelo fogo. Porque, embora isso tenha acontecido na matéria, existe uma séria repercussão no corpo energético, causando abalos em vários níveis para o espírito.

– Então esse medicamento é "exportado" para o mundo espiritual? Brincou Juliano.

– De certa forma é, sim. Mas não pensem que o mundo espiritual é só acima da terra. Prova disso é o que vocês estão vivenciando aqui embaixo, no fundo do mar. Lembrem que Jesus nos alertou que "a Casa de meu Pai tem muitas moradas". E isso não se aplica somente aos vários planetas do cosmo, mas antes, aos vários planos e dimensões de nosso próprio planetinha Terra.

– Quanto trabalho! Exclamou Amanda num suspiro.

– Pois é, Amanda, mesmo assim ainda há quem pense que morrer é descansar! Brincou o guia, descontraindo a todos.

Depois de mais algumas considerações, era hora das despedidas e do retorno do grupo, pois o dia logo amanheceria. Mas não poderiam retornar sem antes pisar novamente nas areias daquela praia maravilhosa e sentir, agora fora do mundo aquático, a brisa incomparável que só mesmo o mar proporciona. Pés na areia branquinha e mãos estendidas ao alto numa reverência ao Criador e Sua criação. Agradecendo ao sol que já ensaiava seus primeiros raios no horizonte, dando um colorido especial a toda aquela paisagem, devolvendo a luz e extinguindo a escuridão da noite. As ondas do mar bailavam no vai e vem, evaporando-se com a ajuda do vento e do sol, para que novamente o elemento água retornasse às nuvens que em breve se transformariam em chuva, reiniciando o ciclo das águas.

– Acorda, meu filho! Era dona Maria que abria a janela do quarto de Juliano, deixando o sol entrar e iluminar o ambiente.

– Hoje vamos ter peixinho frito para o almoço. A vizinha me deu uma porção, que seu marido pescou no feriado.

– Ai, mãe...peixe?! Acho que não vou ter coragem de comer os bichinhos, não!

–Virgem Maria, meu filho! Agora mais essa! Pare com essas esquisitices. Sempre gostou de peixe, vai deixar de gostar agora?

– Hum... vou tomar meu banho. – falou Juliano, dando um beijo no rosto gorducho de sua mãe e depois se espreguiçando na janela ensolarada.

Enquanto se banhava, Juliano meditava sobre a importância da água em nosso planeta. Lembrava de reportagens que assistira na televisão sobre lugares de nosso globo onde a carência de água matava de sede e tomando consciência disso, apressou seu banho, agradecendo aquele elemento que ele ainda tinha em abundância.

No terreiro V

Amanda já trabalhava na corrente mediúnica daquele terreiro de umbanda havia mais de sete anos. Filha de Iemanjá, era carismática e dócil e fazia o tipo "mãezona" para os irmãos de fé. Mas nada para ela podia ser pouco. Tudo era em abundância como as águas do mar. E nessa "onda", constantemente se envolvia em dívidas impagáveis que acabaram com seu casamento, pois o marido não aguentou sua desorganização material que o estava levando à falência.

No dia em que o marido lhe comunicou sua decisão de separação, ela desesperou-se e procurou uma pomba-gira, na gira do terreiro, para lhe aconselhar:

– Dona Maria Padilha, como vou viver agora, sem meu marido? Por que isso foi me acontecer? Por que os guias não me avisaram disso? Deve ser macumba que alguma mulher mandou fazer.

– Boa noite moça! Oxalá a abençoe!

Não posso lhe responder essas coisas, simplesmente porque a resposta está dentro de você mesma. Mas lhe devolvo uma outra pergunta: – Por acaso a moça, antes de se sentir vítima do fato, parou para analisar como estava levando sua vida nos últimos tempos?

– Padilha, nós éramos felizes. Nunca brigamos.

– Que bom! Então agora não há motivos para se tornarem inimigos e nem para haver mágoas.

– Mas ele me abandonou!

– Conforme eu estou entendendo, seu homem desistiu do casamento por algum motivo muito sério. A moça não quer me contar a verdade?

Gaguejando, Amanda foi contando de forma "amena" o que a entidade já sabia. Seu desequilíbrio financeiro faliu o casamento.

– E a moça continua achando que o motivo do desenlace foi macumba mesmo?

– Ah, mas eu sempre fui assim e ele me aceitava, por que agora me deixou por esse motivo, então?

– Porque cansou! Porque esgotou sua paciência e provavelmente sua conta bancária também.

– Mas a senhora acha justo isso? Acha mesmo que é um motivo para desfazer uma relação harmoniosa de 10 anos?

– Quer saber mesmo minha opinião? Pois bem, vou lhe dizer que ele deve mesmo gostar muito da moça, pois outro no seu lugar já teria abandonado o barco há mais tempo. A senhora não trabalha, não ganha seu próprio dinheiro e mesmo assim se acha no direito de gastar de forma exagerada o dinheiro que ele ganha com muito suor. Dinheiro é coisa sagrada, moça, principalmente para quem o ganha com o trabalho honesto.

– Mas eu não trabalho porque faço a caridade aqui no terreiro.

Depois de uma gargalhada bem gostosa, a entidade continua:

– Quantas horas a moça trabalha no terreiro?

– Ah... eu venho duas noites por semana...e no sábado ajudo na limpeza...

– Os outros médiuns daqui também fazem isso. No entanto, todos trabalham e ganham seu pão. Nós, mesmo no mundo espiritual também trabalhamos, fazendo a caridade aqui e em muitos outros lugares, moça. Tempo integral. Só que no mundo espiritual não precisamos de dinheiro para pagar as contas, pois se assim fosse, teríamos um emprego de onde o tiraríamos, já que nada cai do céu.

Por acaso a moça se deu conta de quantas noites de insônia teve seu marido, pensando em como pagar as contas que a senhora fazia com seus supérfluos?

– Nunca percebi que ele tivesse insônia.

– Claro que não! A moça dorme feito um anjo, pois não tem preocupações.

Quanto a sua pergunta em relação a não ter sido avisada pela espiritualidade, tenho a lhe dizer que eu mesma lhe aconselhei muitas vezes a vigiar mais seus atos, a frear seus exageros. Quantas vezes seu guia a intuía a evitar certas atitudes, mas era mais fácil ceder aos costumes e apelos das lojas com suas vitrines deslumbrantes do que ouvir sua intuição. Era tão simples assinar um cheque, passar um cartão...Claro que nenhum guia vai lhe dizer: "Olha, moça, seu marido vai abandonar você." Os avisos são sutis e sempre no sentido de que as causas possam cessar para que o resultado possa ser modificado.[1]

Cabisbaixa, Amanda percebeu que se havia alguém culpado pelo fato, era ela mesma. Coisa já sabida, mas que preferia jogar nas costas de alguma "macumba" para poder amenizar a consciência.

– Confesso que estou tentando entender, dona Maria Padilha. Mas não tem nada que a senhora possa fazer para me ajudar?

– Claro que tem, moça. Eu lhe aconselho a mudar seus hábitos de agora em diante. Equilibre seus gastos, se cure disso. Vá procurar um trabalho e ganhe seu próprio dinheiro e assim, eu e todas as entidades desta casa estaremos ajudando na sua cura. Mas faça sua parte! Ajuda-te e o céu te ajudará!

– Será que meu marido volta, se eu mudar?

Outra gargalhada gostosa!

– Moça, o futuro a Deus pertence! Quem sabe?!!

Siga seu caminho, faça por merecer a confiança dele, mas não mude por ele. Mude por você, por sua evolução, pelo seu bem.

– Dona Maria Padilha, acontece que sou filha de Iemanjá e talvez por isso eu tenha essa personalidade. Tenho medo de não conseguir mudar.

– Então, além da possibilidade de alguma macumba, ainda

---

1 As entidades denominadas exus e pomba-giras por serem executores da Lei, são diretas e muito racionais em suas colocações, diferindo dos guias, que são mais amorosos nas palavras. Mas todas as entidades que labutam na umbanda não deixam de aconselhar dentro da mesma linha de pensamento, que é a de acordar o filho de fé para a realidade, reascendendo sua chama crística, sua essência divina, visando sua cura e evolução.

existe isso de culpar o Orixá? Moça, nem Iemanjá nem o Juca do bar da esquina tem culpa de coisa alguma que acontece com você, criatura! A vibração menor a que você se entregou tem relação com a sua falta de disciplina com as coisas materiais. Indisciplina que está lhe custando bem caro e que por falta de freio enquanto era tempo, já pode ser considerada uma doença psicológica,[2] necessitando de ajuda de um profissional. Além da sua falta de harmonia com o dinheiro, ainda está claro que existe um nível elevado de vitimismo, de falta de consciência da necessidade de mudança.

Moça, estaremos lhe ajudando à medida que você nos possibilite isso. Mas não use a espiritualidade como bengala, muito menos como desculpa para os acontecimentos. Aconselho a moça a procurar um profissional que trate desse seu distúrbio comportamental e busque auxilio. Por outro lado, aproveite todos os atributos positivos do Orixá que rege sua coroa, para sair deste círculo vicioso. Ore, vigie e trabalhe!

Não havia o que discutir. A tarefa, tão simples para qualquer pessoa, era um monstro para Amanda, dentro de seu exagero. Precisaria se acostumar ao "necessário" e sobretudo, precisa se tratar, pois agora ela soube que estava doente. Essa era a lição! Essa era a missão!

2 Oniomania: doença que leva o ser a se tornar um consumidor compulsivo, tornando-o dependente disso tanto quanto um dependente químico necessita da droga. O desejo incontrolável de gastar tem tratamento: inclui acompanhamento psicológico e medicação. Mas é fundamental que a pessoa reconheça que está doente e precisa de ajuda.

Atotô

> O Orixá Omulu corresponde a nossa necessidade de compreensão de carma, de regeneração, de evolução, transformações e transmutações cármicas.

Os tambores silenciaram. As luzes se apagaram. Reinava o silêncio e apenas as velas firmadas nos pontos de força do terreiro iluminavam parcamente o ambiente. Todos já dormiam em seus leitos após mais uma noite de atendimento na caridade dentro da umbanda.

– Atotô!

Desta forma Juliano e outros meninos foram "acordados" em corpo espiritual por seus amigos que nesta noite os conduziriam a mais um local sagrado, ponto de força dos orixás.

Reunidos no ambiente astral do terreiro frequentado por alguns deles, recebiam as informações a respeito da excursão, através de seus orientadores. Estariam se dirigindo à calunga pequena, campo santo ou cemitério. A seriedade com que era explanado lhes dava uma noção de como seria a visitação daquela noite e talvez de muitas outras:

– Tudo nasce, cresce e morre, encontrando-se em perpétua mudança. O elemento terra, que é de essência transmutador, é o berço acolhedor e sustentador da vida humana quando esta renasce no planeta, e também o leito acolhedor da matéria, quando a vida prossegue noutras paragens.

"Do pó vieste e para o pó retornarás" – esta é a realidade da matéria que cobre o espírito enquanto na terra. Todos os elementos que compõem o corpo humano são devolvidos à mãe terra, enquanto todos os atributos agregados ao espírito prosseguem com ele no rumo evolutivo.

Depois de várias outras observações e orientações, dirigiram-se à calunga pequena. Ao chegar ao portão, foram recebidos por uma entidade enviada de Ogum Megê, que rondava a parte externa e mais alguns de seus Exus Guardiões que os receberam gentilmente e os introduziram rapidamente, pois o ambiente externo aos muros do cemitério era bastante tumultuado por muitas entidades que tentavam adentrar o local para concretizar seus objetivos torpes. Exu Porteira é que fez as honras da "casa":

– Meus meninos, vocês estarão guarnecidos pelos meus comandados e dessa forma estarão seguros aqui dentro da calunga. Como podem ver, por aqui nem tudo é calmaria e por isso solicito que obedeçam as regras do local e as orientações dos seus instrutores. No primeiro momento terão uma visão do ambiente físico e em seguida serão visitantes de outras faixas vibratórias que fazem parte deste sítio do nosso Orixá Omulu.

Mesmo estando fora do corpo físico, todos os componentes do grupo tiveram que usar vestes especiais, bem ao estilo das entidades dessa linha, confeccionadas à base do duplo etérico da palha da costa, confundindo-os com a maioria dos trabalhadores do local, para que assim fossem respeitados pelas entidades. Só então, devidamente trajados, iniciaram a visita, com a visão limitada ao ambiente físico. Desta forma, o que podiam ver era o ambiente normal de um cemitério, onde alguns túmulos bem cuidados e enfeitados por flores se misturavam a outros descuidados, onde a corrosão do tempo deixava à mostra parte do seu interior, bem como os jazigos luxuosos que demonstravam o poder aquisitivo dos familiares.

O silêncio predominante era quebrado apenas pelo vento que vez ou outra movimentava algumas coroas ou derrubava vasos de flores. Era a calmaria da ultima morada de corpos que não podiam mais emitir sons ou movimentos. Muito bem cuidado pelo zelador, tinha um aspecto agradável. Flores beiravam os caminhos por entre os túmulos e alguns bancos estavam colocados embaixo de frondosas árvores, deixando o local acolhedor.

Na portaria, dentro de uma guarita fechada e localizada no alto da mureta, havia uma sentinela de plantão que monitorava dali todo o local, o que chamou a atenção de Juliano, que não poderia deixar de brincar:

– Não entendo por que um guarda durante a noite se aqui todos dormem mesmo.

– Juliano, porque o problema não são os mortos, mas os vivos que tentam burlar a segurança do cemitério para efetuar roubos ou vir largar seus "trabalhos" de magia, após a meia-noite – esclareceu o orientador.

– Admiro a coragem dessas pessoas! Invadir cemitério para roubar! Roubar o quê?

– Como vocês estão vendo, algumas pessoas fazem seus túmulos e jazigos com materiais caríssimos, além de usar vasos e objetos atrativos aos ladrões. Porém o maior problema é o roubo de crâneos e ossos dos mortos para serem usados em rituais macabros.

Êta humanidade! – exclamou Julinha, inconformada.

– A cremação não resolveria esse problema? – perguntou Juliano.

– Não só esse problema, como vários outros existentes em função dos cemitérios. Para a mãe natureza seria a solução ideal, uma vez que hoje os cemitérios se tornaram uma ameaça à saúde pública, em função de suas localizações urbanas e ao grande número de cadáveres que geram o necrochorume. Para que se tenha uma idéia, um corpo que pesa 70 kg gera em média 45 litros de necrochorume, que inevitavelmente será levado pela ação das águas superficiais e das chuvas infiltradas nas sepulturas. Quando absorvidas pela terra, podem contaminar as águas subterrâneas do lençol freático e virem a ser consumidas através de poços escavados por populações que vivem no entorno.

No caso de pessoas que morrem com doenças infectocontagiosas, podem estar presentes no necrochorume os patogênicos, como bactérias e vírus, agentes transmissores de doenças sérias responsáveis pela causa mortis e que em contato com as pessoas podem contaminar.

– Então, se a cremação é uma solução, por que não se torna lei? – indagava André.

– Por vários motivos ligados ao materialismo dos homens e pelo enorme desconhecimento das leis espirituais, que não tem outro nome senão atraso evolutivo.

– Bem, agora se preparem para adentrar na dimensão seguinte, a primeira depois da física, onde teremos oportunidade de observar o que acontece por ali.

Eles concentraram as mentes e obedeceram às ordens dadas pelo monitor, entrando em ressonância com o que poderia se chamar de "duplo etérico" do cemitério. Embora todos estivessem preparados e orientados a respeito da visita, a maioria deles não conseguiu disfarçar o susto.

Nessa dimensão não havia o silêncio dos "mortos", pois todos que estavam perambulando por ali na maioria eram vivos, embora a condição precária de seus corpos espirituais. O ambiente se assemelhava mais a uma favela, onde imperava a pobreza, a mendicância, além da marginalidade.

– Nossa, mas que horror! Pensei que aqui fosse um sitio vibratório onde encontrássemos as entidades de Omulu e o que vejo é um circo de horrores. Parece um filme de terror!

– Calma, Julinha. Chegaremos lá! Como nos orientou nosso amigo na entrada da calunga, teríamos a oportunidade de ver algumas da várias dimensões que compõe este local. E agora iniciamos a visita pela primeira delas, ou seja, a mais material e mais densa, onde ainda se encontram os espíritos que não encontraram a luz e pela materialidade que ainda mantém em seu mental conturbado, se apegam aos próprios destroços físicos em seus túmulos, por várias concepções errôneas que mantiveram ao longo de suas vidas encarnadas.

Vejam aquela senhora idosa que está sentada na porta do jazigo ali adiante. Vendo suas vestes aos pedaços, tenta costurá-las o tempo todo. O que seria o bonito traje que vestiram em seu corpo físico por ocasião da morte e que pelo fator tempo está se deteriorando junto aos despojos carnais, reflete-se no corpo espiritual. Não consegue perceber que não tem mais o corpo físico, pelo extremo materialismo e fé irracional que ainda mantém. Escutem o que ela fala:

"Tempos bicudos. Miséria total, precisamos poupar". A senhora repetia isso sem parar como se estivesse hipnotizada. Atitude e pensamento próprio de sua vivência miserável, embora fosse abastada financeiramente. Em vida, costumava usar suas roupas até não ter mais como remendá-las e vivia a queixar-se de miséria, enquanto engordava uma conta bancária que foi motivo de briga pelos familiares após sua partida.

Mais adiante, uma linda moça chorava copiosamente, sentada em cima do túmulo com um vidro de remédios na mão. Foi permitido ao grupo aproximar-se dela e tentar o diálogo:

– Por que chora?

– Acabaram meus remédios e sem eles não consigo dormir. Perdi minha receita, perdi meu celular e não consigo ligar para a farmácia. Meu médico não vem me ver, há vários dias. Ajudem-me, por favor.

Num ímpeto, Marcela e Julinha intentaram abraçá-la, mas foram impedidas pelo guardião:

– Lembrem-se que vocês não podem interferir. Ela ainda não acordou para a realidade, embora todas as tentativas feitas pelas equipes de socorro. Chegará seu momento. Ela não quer aceitar a morte e nem quer ser levada daqui. Tem a idéia fixa em seus medicamentos, dos quais era dependente, e nada mais consegue enxergar. Nem ao menos consegue ver que está sobre seu túmulo no cemitério. Imagina-se ainda no hospital onde terminou seus dias. É uma auto-hipnose criada pelo seu mental.

Ela só conseguiu vê-las porque vocês, estando encarnadas e tendo ainda o magnetismo animal próprio da matéria física, ficam perceptíveis a ela que ainda está muito ligada à matéria. Mesmo e apesar do esforço dos trabalhadores espirituais, não consegue percebe-los, pela sutileza das vibrações, que se diferenciam da sua. Isso se dá pelo extremo apego que ainda mantém com o mundo físico. Por isso, é bem provável que no tempo certo precise ser encaminhada a algum trabalho mediúnico para conseguir sentir e compreender que já desencarnou, através do choque anímico com o médium,.

Alguns outros espíritos totalmente insanos, cada um vivendo o seu drama particular, o seu inferno consciencial, vagavam pelo cemitério. Alguns brigavam entre si, nervosos, agitados por falta da manutenção de seus vícios ou por serem violentos mesmo. Outros gritavam em desespero, sem desgrudar dos restos mortais, embora os vissem sendo devorado pelos vermes.

– Meus Deus, que coisa deprimente! Por que esses espíritos não são socorridos, levados daqui? Indagava Marcela.

– Porque seu livre-arbítrio os impede. Eles já foram desligados do corpo carnal pelas equipes espirituais e nem sequer perceberam isso. Por mais que se oferte ajuda, que se tente dialogar e explicar a realidade, ainda estão de tal forma obsecados que não escutam. Então nos resta aguardar o "acordar" de cada um deles, respeitando seu livre-arbítrio. Alguns, quando se dão conta da morte, só pensam em voltar para casa e vibram isso tão forte que acabam voltando ao lar e interferindo energeticamente na família. Outros surtam de tal forma, não nos restando outra alternativa senão interferirmos adormecendo-os e levando-os a algum socorro fraterno mediúnico. Após o choque anímico geralmente se conscientizam e, mesmo inconformados e debilitados, já conquistam condições de auxílio, sendo encaminhados aos hospitais do mundo astral para recuperação. Enfim, cada um tem uma história, segue um caminho.

– Mas nem todos os que desencarnam vêm para o cemitério junto com o corpo, ou estou errada?

– Graças a Deus, não! A maioria dos espíritos consegue se desligar horas após o desencarne e aceitam a ajuda espiritual.

– Voltando ao assunto cremação, eu pergunto: Como ficam os espíritos materialistas que se grudam no cadáver, quando da incineração do mesmo?

– O mínimo de tempo que deve ser respeitado para um corpo ser cremado é de 72 horas. Tempo para que se dê o possível desligamento do espírito, evitando as sensações ainda bastante fortes que ele tem em relação ao corpo nas primeiras horas, embora o fogo, sendo matéria, só atinja a matéria. Independente disso, no caso dos materialistas que insistem em ficar no corpo, se eles, com medo do fogo, tivessem que fugir, seria menos danoso do que permanecer grudado nos restos em decomposição. O ideal seria o entendimento da humanidade toda, ainda em vida, de que o corpo físico é que morre, seguindo ele vivo em espírito, deixando assim que as cinzas voltem à terra de uma forma higiênica, sem ocasionar problemas à natureza. Cultura que infelizmente ainda não é ensinada, principalmente no mundo ocidental.

Percebam que ninguém aqui está abandonado pela Luz. Vejam quantos espíritos trabalhadores de nosso Pai Olorum, guarnecem, auxiliam e cuidam para que os espíritos trevosos não invistam contra aqueles que não são afins com eles, escravizando e usando esses nossos pobres irmãos como reféns de suas maldades.

– Percebemos alguns espíritos sugando as energias de corpos recém desencarnados...

– Verdade, Analu. Isso também acontece por aqui. Vamos explicar por que: – O corpo físico só é considerado morto quando cessam os sinais vitais, ou seja, foi desligado do corpo espiritual, onde reside a vida. Intermediando o corpo espiritual e o corpo físico existe um corpo de energia, chamado duplo etérico. Essa estrutura, embora seja física, é constituída de matéria mais sutil e portanto, vaporosa; e como o corpo físico, também perece no momento da morte. O corpo físico transformado em pó volta à terra, enquanto o duplo etérico volta ao éter, desintegrando-se. Mas isso não se dá de imediato após o desligamento, demora algumas horas ou até dias, acompanhando o defunto ao túmulo.

Este duplo etérico, sendo condensador da energia animal, que é bastante disputada pelos espíritos de baixa vibração que vagam pela crosta, enquanto não se desintegra acaba sendo alvo de vampirização. Porém, adianto que nem todos os corpos são alvo de vampirização após a morte. Existem corpos que mesmo desligados do espírito, têm toda uma proteção energética que ainda vibra e os isenta deste tipo de coisa, o que se dá pelo merecimento daquele espírito que o abandonou há pouco.

Essa desintegração do corpo de energia tem causado várias lendas relacionadas aos cemitérios, ou seja, a popular "assombração". O desligamento e decomposição desse corpo etérico, quando visto à noite, é visto como uma fumaça parcamente luminosa e vaporosa, o que dá a impressão de uma figura humana disforme que voa.

Porém se vocês se assustam com o que aqui vêem, considerem que essa vampirização de energias do duplo etérico acontece também nos vivos, lá fora da calunga, de forma invisível aos olhos físicos, porém ainda mais acentuada. Por atração vibratória, os vivos seguidamente associam-se a parasitas que se acoplam ao seu corpo e sobrevivem de suas energias. Principalmente os seres que mantém vícios e desregramentos diversos, os quais os colocam na mesma faixa de alguns espíritos desencarnados que encontram, assim, um mantenedor de seus desejos animalizados. Um espírito de alcoólatra é atraído e relaciona-se com uma pessoa do mesmo vício ou com tendências para o vício. Os espíritos de criaturas sensuais ligam-se a criaturas do mesmo tipo. O vampirismo se processa em termos de reciprocidade. O homem bebe e o espírito suga as suas emanações etílicas. Essa perigosa sociedade se prolonga às vezes por toda uma vida, pois nenhum dos dois quer perder o parceiro.

– Por isso, então, fica tão difícil as pessoas se livrarem dos vícios?

– Há que se entender que os vícios químicos, além de contaminar o corpo físico, que fica dependente dos elementos absorvidos por seus órgãos vitais, também se somam à dependência emocional, mais a interferência espiritual. Para que possa haver êxito, o tratamento necessita da ajuda da medicina, da psiquiatria ou psicologia, mas também de ajuda espiritual. Além disso e de forma bem intensa, do acompanhamento e compreensão familiar e principalmente do fator "vontade" do viciado.

O aprendizado que se fazia dentro daquele ponto de força do Orixá Omulu era valoroso e surpreendente, uma vez que tudo acontecia diante de um cenário desconhecido para aqueles jovens. Mas agora era momento de adentrarem a outra faixa vibratória. Para tanto foram convidados a se postarem em frente ao cruzeiro sagrado, ponto central da calunga pequena. Ali, aquietaram suas mentes e oraram a Omulu, permitindo assim que suas consciências se expandissem. Ao abrirem os olhos, o cenário havia mudado, embora sentissem que estavam no mesmo lugar.

A cruz que anteriormente nada mais era do que duas madeiras sobrepostas, agora se transformara num imenso cruzeiro iluminado à sua frente. Despertados por uma gostosa gargalhada, todos ficaram atentos à chegada daquela figura feminina envolta numa capa vermelha, cujo capuz lhe cobria a cabeça.

– Salve, crianças! Rosa Caveira à sua disposição.

– Rosa Caveira!!! Murmuraram em uníssono, impressionados com a beleza daquela mulher que nada tinha a ver com uma caveira, como imaginavam que fosse. Compreendendo isso, prontamente esclareceu:

– Crianças, nós exus também temos a plasticidade de mudar nossa figura conforme a necessidade. Pensei em agradá-los com essa forma mais "bonitinha", e no entanto os decepcionei? Estou arrasada! – brincou ela.

– Não querendo assustá-los com a aparência cadavérica, fiquei irreconhecível! Mas sosseguem que tudo acontece ao seu tempo – e gargalhou novamente, ao que Juliano exclamou:

Pode não ter aparência, mas sua risada diz tudo!

– Você, que já me acompanhou em alguns trabalhos noturnos, menino, sabe bem do que este "sorriso"[1] é capaz.

Todos sorriram, agora mais descontraídos.

– Estou aqui com a missão de levá-los a conhecer um pouco do nosso mundo e do nosso trabalho. Por isso, por favor me acompanhem.

Girando, abriu sua capa e envolveu a todos de uma só vez. Atordoados, só perceberam que entravam, literalmente, dentro do cruzeiro que se abria num portal, quando libertos da capa de Rosa Caveira. O ambiente que se desenhava à sua frente era bastante diferente do anterior. Embora a sobriedade dos prédios e a paisagem acinzentada, com muito pouco verde, era um local tranquilo e de certa forma, aconchegante. Conduzidos por um caminho de pedras, foram levados até uma espécie de palácio. No caminho, muitas entidades os cumprimentavam gentilmente e prosseguiam, atarefados. Alguns deles lhes eram apresentados pela pomba-gira, o que despertava a curiosidade dos meninos, pois já eram velhos conhecidos nos trabalhos do terreiro.

Uma porta majestosa, de madeira nobre e escura com um batedor guarnecendo-a, os separava de quem mais buscavam conhecer – a entidade espiritual enviada de Omulu. Ao abrir a porta, quem os recebia era um homem alto, forte, de tez morena e com um largo sorriso. A reação do grupo foi logo percebida

---

1 A gargalhada dos exus tem o efeito de um mantra, que através do som desmagnetiza energias deletéreas.

por ele, assim como pela condutora do grupo. Nenhum entusiasmo, apenas um cumprimento em voz baixa.

– Meninos, vocês não esperavam encontrar um velho arqueado, corcunda, com a foice na mão e instalado num túmulo caiado?! Falou sorrindo o simpático anfitrião.

Depois da descontração, o grupo foi entendendo a grandiosidade daquela vibratória e o imprescindível trabalho realizado por eles no Universo todo. Em visitação àquele mundo que se escondia dentro do próprio cemitério, portal entre a vida e a morte carnal, eles puderam compreender ao pé da letra a frase de Jesus: "Nenhum cabelo cai da cabeça do homem, sem que o Criador o saiba".

A organização que envolvia toda essa linha de trabalho com diversos departamentos em várias dimensões diferentes, era agora esclarecido pela entidade que os recebia:

–Viver e morrer são atos de magia. A própria criação do mundo é um ato de magia e a criação do homem como espírito, é o maior deles. A mãe que gera um corpo em seu ventre, oportunizando uma nova oportunidade física a um espírito necessitado, é uma grandiosa magia. Omulu é o Senhor da Magia por excelência!

Acolher e encaminhar os espíritos que abandonam o fardo físico, transpondo o portal de retorno à verdadeira morada, é talvez o trabalho mais exaustivo e complexo dentro do mundo espiritual. O ser humano enquanto encarnado não se dispõe a ver a vida como um continuum e se agarra aos poucos minutos em que caminha sobre a face terrena como se isso fosse sua vida. Por consequência, poucos são os que cuidam do que fazem enquanto essa ilusão persiste. Não sabem viver e nem morrer. O poder ilusório conquistado a qualquer custo leva o homem incauto a usar seus dons para contrariar as Leis Supremas e magiar contra a própria vida, criando débitos aos quais denominaram de carma, ou seja, a reação de uma ação. Voltando ao palco terreno, essa reação inevitavelmente vem à tona e é preciso que através do exercício da lei e da boa ação se esgote isso, o que nem sempre é compreendido. Então entra a energia da vibratória do nosso amado Orixá Omulu que vem justamente auxiliar os homens a compreenderem e aceitarem seus carmas com sabedoria, para que possa haver a natural evolução.

Por falta de compreensão da vida, o homem teme a morte e tudo que a ela concerne. Teme as "almas" penadas que nada mais são que ele próprio, despido do uniforme carnal. Teme a calunga mesmo sem enxergar o que reside nela em seu mundo espiritual do lado negativo, porque inconscientemente essa verdade será a sua no futuro, se continuar apegado à matéria. O apego, seja ele às coisas ou às pessoas, é o ímã que mantém os espíritos chumbados à terra, mesmo depois de terem perdido a matéria. Temem ser enterrados vivos mesmo sabendo que isso é coisa praticamente impossível diante dos recursos usados pela medicina atual, como também relutam contra a idéia de cremação. Na verdade o medo vem da certeza íntima, – embora não aceitem admitir – de que a vida continua e que o apego os impedirá de voar além túmulo, permanecendo imantados ao corpo com a sensação de que foram sepultados vivos.

Consequentemente temem a nós quando tentamos auxiliá-los, pela convicção errônea e irracionalidade que desenvolveram em suas vidas. Pois se acreditavam que iriam dormir o sono da morte e que Jesus os viria libertar no dia do Juízo, é simplesmente impossível aceitar "acordar" e sentir-se vivo. Porém, de todos os problemas com os quais o homem chega ao túmulo, "dormir" é um dos menores.

Por que será que essa verdadeira legião de exus precisa trabalhar diretamente na calunga? Porque o homem ainda insiste na ignorância e na maldade e leva para o túmulo essa bagagem. Tenta burlar a lei da vida e da morte e por isso precisa de quem lhe imponha limites severos, ou ele mesmo transforma o mundo num caos, criando o inferno. Por falar em inferno, meus pequenos, já que estão aqui, não custa dar um abraço no... Exu Caveirinha.

Retumbou uma gargalhada de Rosa Caveira diante do assombro visível nos olhos de todos eles, pensando que em vez de "Exu Caveirinha", a entidade falaria "um abraço no diabo". Assombro que foi desfeito com o gostoso abraço daquele exu, que já era antigo companheiro em seus trabalhos no terreiro.

– Bem, como o diabo é mitológico e eu sou real, aqui estou em esqueleto e capa, ao seu dispor!

Outra gargalhada de Rosa Caveira, agora acompanhada da risada dos meninos.

– Entrego-os aos cuidados deste moço, que está acostumado ao ambiente. Ele lhes mostrará os outros mundos que compõem este nosso mundo, onde a entrada é uma só, mas os caminhos divergem. Existem muitas encruzilhadas que levam a diversos rumos já escolhidos antes de adentrar ao portal.

– Exu Caveirinha, são todos seus! – completou a entidade de Omulu.

Saindo do local, o exu lhes explicou que os lugares que visitariam seriam apenas dimensões conscienciais, ou seja, locais criados pela mente de quem lá vivia, por similaridade de energia e que para que pudessem visualizá-los, era preciso entrar em ressonância com a mesma. Desta forma, antes de adentrarem, passariam por momentos de reflexão, em que suas mentes seriam condicionadas à energia do local a ser visitado.

Estariam protegidos das energias e dos habitantes do local, mas mesmo assim exigiria de cada um deles bastante racionalidade, evitando se deixar levar pelas emoções, uma vez que as cenas seriam tocantes.

– Começaremos pelo vale dos feiticeiros. Neste lugar estagiam as almas de nossos irmãos que durante a vida usaram seus dons de forma equivocada, invertendo a polaridade da magia. Mentes inteligentes, na maioria pessoas cultas, que renasceram trazendo consigo, além da sabedoria de manipular os elementos, a forte tendência de enveredar para o mal. Oportunidades não faltaram a nenhum deles de reverter isso tudo, mas imperou e foi respeitado o livre-arbítrio. Enquanto na matéria, escravizaram entidades desencarnadas de mesma frequência vibratória enquanto puderam, e quando seus corpos chegaram à morada derradeira, seus espíritos eram aguardados pelos ex-escravos, por força da lei. Portanto, ao que vocês vão assistir não é nada agradável, mas tenham em mente que eles precisam esgotar essa energia para que só depois possam retornar à roda reencarnatória.

Um novo portal de abria sob as ordens de Exu Caveirinha e todos se viam agora num novo ambiente, bastante escuro e úmido. De cima de um penhasco observavam cenas dantescas onde os personagens se degladiavam entre si, numa guerra fria. Criaturas já deformadas, aos farrapos e que tentavam vencer umas às outras através da força mental, até o esgotamento do que lhe restava de energia, quando sucumbiam e eram maltratados pelo vencedor. Outros ainda, escondidos atrás de formações rochosas ou árvores secas, tentavam concretizar oferendas sanguinolentas com animais fictícios que só existiam em suas mentes, onde ficaram plasmadas as formas pensamento de outrora. Num repente, essas formas animalescas se transformavam em monstros que avançavam contra eles, atacando e sugando suas energias nos mesmos moldes de quando haviam sido imoladas.

Havia os que simulavam espetar bonecos com alfinetes, recordações de sua prática vodu, quando no corpo físico. Mas a cada espetada que davam no boneco, eles próprios sentiam a agulhada em seus corpos espirituais já tão maltratados e agonizavam, soltando gritos horríveis. Porém nada se igualava ao terror por que passava uma mulher deitada dentro de um caixão, naquilo que deveria ser seu túmulo. Enlouquecida, tentava guardar seus ossos que eram roubados por outros espíritos animalizados. Colheita de sua prática em feitiçaria quando encarnada, onde usava esqueletos humanos roubados do cemitério para realizar o mal às pessoas.

Ao lado, uma espécie de lago lodoso e fervilhante abrigava outros seres que se debatiam na vã tentativa de fuga. O mau cheiro imperava e era ensurdecedor o barulho onde se misturavam gritos de dor e blasfêmias.

No meio disso tudo, alguns guardiões que zelavam o local e que vez ou outra precisavam interferir nas ferrenhas brigas que se armavam por lá. De tempos em tempos passavam por ali caravaneiros socorristas, em veículos próprios, para resgatar espíritos que já haviam drenado seu magnetismo denso e que, arrependidos das suas ações, buscavam o alento da luz.

– Meu Deus, isso é o inferno! – exclamou André.

– Inferno construído por eles mesmos,[2] que infernizaram a muitos seres enquanto tinham o seu livre-arbítrio respeitado, mas não souberam respeitar as leis. É a lei de ação e reação vigorando para aprendizado de quem precisa. A maioria deles

2 O estado feliz ou infeliz dos espíritos é inerente ao seu adiantamento moral; sua punição é a consequência de seu endurecimento no mal, de sorte que, perseverando no mal, se punem eles mesmos; mas a porta do arrependimento jamais lhes é fechada, e podem, quando querem, retornar ao caminho do bem e chegar, com o tempo, a todos os progressos. *Obras Póstumas*, Allan Kardec.

usou o nome do Sagrado para magiar o semelhante, denegrindo principalmente as religiões e as entidades espirituais que trabalham para a Luz. A ninguém é dado o direito de maltratar e muito menos matar seu irmão, seja de que forma ou pelo motivo que for. Tudo que se consegue através da dor de alguém nos faz responsáveis por este sofrimento, e por ele vamos responder um dia. Se acaso escapam das malhas da lei terrena, não poderão escapar das leis divinas e nós, exus, estamos aqui para fazê-la cumprir. Mas não pensem que esse esgotamento os livra da culpa. Aqui drenam o denso magnetismo para que possam, degrau por degrau, iniciar a subida de volta, porém em seus corpos espirituais ficou registrado todo o mal praticado na carne. Registro que levarão como marca para a nova reencarnação, que os identificará sempre no mundo astral. Isso explica por que, quando encarnadas, muitas pessoas caridosas que labutam na mediunidade passam por sérios apertos, alvos que são de constantes magias, e não conseguem compreender como isso lhes acontece. Pelo passado delituoso, tornaram-se endereço vibratório e desta forma, sentindo na própria pele a dor da flecha que volta, com certeza repensarão cada ato praticado.

Sem contar o débito contraído com a natureza, usando os animais e os elementais para suas magias. Por exemplo, a velha e conhecida magia de costurar a boca do sapo com objetos ou fotos da vítima dentro dela, onde o pobre bicho acaba morrendo após muita dor. Desta forma, o feiticeiro se envolve em sério débito por ter maculado o animal e também o homem, suposta vítima.

Entendam, com isso, por que algumas pessoas têm verdadeira fobia por alguns animaizinhos inofensivos. Trazem no seu inconsciente a culpa pelos abusos cometidos com eles no passado e hoje sua consciência os acusa em sonhos ou mesmo desperta a fobia pela simples presença deles em seus lares.

– E como curar esses medos ou culpas? Perguntou André.

– Compreendendo que tudo que vive na natureza tem direito à vida e merece no mínimo nosso respeito. Se erramos no passado, hoje nos convém consertar isso da forma que for possível. Com humildade, refazer o caminho, perdoando e pedindo perdão ao "todo" e a tudo, abençoando e promovendo a evolução dos animais, nossos irmãos. Desta forma estaremos desfazendo os laços negativos, transformando-os em aprendizado e pacificando nossa relação com o mundo animal.

Quanto aos elementais ou espíritos da natureza, estes são naturalmente puros, sem discernimento do bem e do mal, desprovidos que são do senso intelectual humano, agindo apenas sob a ação da sintonia com os elementos da Natureza. Predominam neles a inocência e a ingenuidade cristalinas e por isso estão prontos a servir, acorrem solícitos ao nosso chamamento, desejosos de executar nossas ordens. Desta forma muitos magos os utilizam em tarefas menos dignas, ou a serviço de interesses mesquinhos e aviltantes, retirando-os de seu habitat natural. Claro que a lei de ação e reação tornará tais pessoas responsáveis por aquilo que os elementais fizerem de errado, enganados por eles. O que refluirá inevitavelmente em prejuízo do mandante.

– Já que citou os elementais, quero esclarecer uma dúvida: por que nós humanos não os enxergamos, se estão tão próximos a nós, na natureza?

– Os humanos materialistas não acreditam na existência dos seres da natureza justamente porque alegam não serem visíveis. A invisibilidade desses seres é explicada pelo fato de serem formas etéricas, habitantes de planos energéticos com múltiplas graduações, não perceptíveis aos olhos humanos.

Seguindo a incursão, o próximo lugar a ser visitado seria o vale dos suicidas, que não se diferenciava muito do anterior. A dor, a loucura e a culpa eram companheiros inseparáveis daqueles espíritos que esgotavam naquele lugar nevoento a energia vital retida no cordão da vida, arrebentado abruptamente antes da hora. Mesmo ante a dor e o remorso cruciante, muitos ainda mantinham a mente ligada aos motivos que os tinham levado a cometer o suicídio ou então ao momento e à maneira com a qual o praticaram; outros, arrependidos, buscavam o perdão de Deus e aos poucos eram auxiliados a reconhecer sua realidade, até que pudessem ser levados daquele lugar de expurgo. A atuação dos exus se fazia imprescindível nesses ambientes inferiores, como guardiões e executores da Lei. Era deles a tarefa mais árdua junto àqueles sofredores, até que pudessem ser entregues aos caravaneiros da Luz que de tempos em tempos vinham resgatar e socorrer os que estivessem aptos, desde que permitido fosse pela Lei Maior.

E assim, conduzidos por Exu Caveirinha, visitaram outros ambientes onde os espíritos drenavam suas energias densas adquiridas nos equívocos da vida encarnada, após passarem pelo portal da chamada "morte", que iguala a todos os seres humanos, independente de títulos ou aquisições materiais.

– A consciência não desfalece nem morre, permanece sempre vigilante e atuante. Por isso a vida do condenado se transforma em inferno, induzindo-o sem cessar para os caminhos do retorno – explicava a entidade. Ao morrer, o homem sai da prisão corpórea, mas não se livra de seus maus hábitos, de suas viciações, de sua maldade e assim por diante. Esses espíritos sofredores gostam de companhias que se afinem com as suas tendências, por isso formam esses locais de expurgo no baixo astral.

Mas felizmente, como nem tudo são dores e a chamada morte é apenas uma passagem, ela também conduz os espíritos a lugares bons e bonitos, desde que façam por merecer, uma vez que cada um faz o seu céu ou o seu inferno. Sendo assim, agora irão acessar uma outra dimensão, bem mais sutil, mas ainda através da vibratória de Omulu. E aqui me despeço de vocês, meus amiguinhos, entregando-os em boas mãos.

– Saravá zi fio! Eh..eh..eh...

O semblante deles encheu-se de luz ao avistarem a sua frente aquela figura tão querida e conhecida de todos, Pai Joaquim do Cruzeiro das Almas. O espírito que ali se apresentava na figura de um vovô de tez morena, olhos amendoados e grandes, com seu sorriso lindo, sempre conquistava a todos. Seus cabelos fartos e brancos se confundiam com a própria luz que emanava de sua coroa. Um afetuoso abraço e o convite a seguirem, pois um portal de luz se abria ao lado direito do cruzeiro iluminado. Porém, antes da partida, alguns esclarecimentos se fizeram necessários:

– Estaremos ingressando na colônia espiritual estabelecida sobre o Brasil, chamada de Aruanda e ligada à umbanda e mais a algumas religiões afro-descendentes. Ela é formada por várias cidades que se movimentam no espaço de acordo com a necessidade da Terra e que recebem os espíritos desencarnados que já se liberaram do mundo material. Em cada cidade se aglutinam por similaridade de crença e entendimento estes espíritos em evolução e que já receberam outorga para ingressar nas escolas de aprendizado do além-túmulo. Dentro de Aruanda, visitaremos a cidade de Luanda, assim denominada em homenagem à cidade africana de mesmo nome, de onde partiu boa leva de escravos para o Brasil. Neste lugar, reúnem-se organizadamente as entidades trabalhadoras da umbanda, os quais acolhem seus irmãos desencarnados que para lá são direcionados depois de passar pelo portal do grande Cruzeiro das Almas, na calunga.

Aruanda

> A última vitória que o homem pode obter sobre a morte é triunfar do gosto da vida, não pelo desespero, mas por uma esperança maior por tudo que é belo e honesto. Aprender a vencer-se é, pois, aprender a viver. Todo homem que está pronto para morrer é imortal na sua alma.
>
> Eliphas Levy

À medida que seguiam os passos daquela entidade da linha dos pretos velhos, tudo ficava mais sutil e luminoso. Sabiam que adentravam uma dimensão diferenciada de tudo o que haviam visitado até então. A paisagem não parecia real, dentro da realidade que eles conheciam. As cores tinham tons e brilho diferenciados, de uma beleza estonteante, e já não caminhavam, levitavam. Seus corpos, à medida que prosseguiam, passavam por uma sutilização para que pudessem adentrar aquele mundo que não era dos mortos, mas onde a vida era mais viva.

Consequentemente uma sensação de alegria se misturava à de paz total e o encantamento tomava conta do grupo, que perdia o senso de tempo e espaço.

– Chegamos!

Um facho de luz intensa se esparramava em seus pés, vinda de um imenso portal dourado. Porém antes de chegar até ele, um pequeno portão e depois uma espécie de rede magnética e tênue pela qual haveriam de passar, inevitavelmente.

– Não temam – falou Pai Joaquim. Essa rede é necessária para fazer a triagem e evitar a entrada de invasores não convidados. Ela detecta a vibração integral de cada ser e libera ou repele. Podem entrar, meus filhos.

Um a um passaram pelo portão, sem interferência alguma, e no grande portal, ladeados por dois guardiões simpáticos e cuja coroa brilhava sobre a cabeça, estavam outras entidades espirituais da linha dos pretos velhos que os recebiam com grande alegria.

Diante dessa recepção, da energia salutar do ambiente e da beleza do local, a expressão de contentamento do grupo de visitantes se dividia entre sorrisos e exclamações de agradecimento. Depois do "hall de entrada" que se estendia por grande extensão, árvores frondosas dividiam o espaço com canteiros de lindas e perfumadas flores e ervas verdes, pequenas fontes de água cristalina brotavam aqui e ali e formavam córregos que desaguavam em pequenas quedas formadas por pedras coloridas e brilhantes.

O sol tinha um brilho especial naquela paisagem e apenas aquecia e iluminava. A brisa suave que soprava tinha um perfume indescritível aos seus sentidos limitados e nela esvoaçavam lindas e coloridas borboletas. Nas árvores, inúmeros tipos de pássaros cantavam, enquanto no chão alguns pequenos animais brincavam na relva. Tudo ali expressava harmonia e equilíbrio.

Após as apresentações, que não precisavam ser formais, pois em cada abraço sabiam quem os abraçava pela energia transmitida, eles foram liberados para passear pelo ambiente. Como crianças soltas num parque, corriam, subiam nas arvores, rolavam pela relva, bebiam água da fonte, tomavam banho de cachoeira e brincavam com os animais.

Julinha, como sempre, foi atraída pelo magnetismo de uma fonte ao pé de uma grande pedra e ali sentou, relembrando sua infância. Depois deitou na relva macia e enquanto viajava nas lembranças, sentiu que uma língua quentinha a lambia na face. Abrindo os olhos, demorou a acreditar que ali estava o seu cãozinho Banzé, morto pela cobra há tantos anos. Sim, era ele, com sua cauda agitada, seu pelo branquinho e sua carinhosa lambida habitual. Emocionada, aproveitou o carinho e a possibilidade de enxergá-lo, uma vez que em corpo carnal ela era cega e portanto, nunca o tinha visualizado com seus olhos. Lembrou da promessa recebida da Vovó da Mina D´agua quando ele morreu, que um dia ela o encontraria novamente. E ali estava seu amiguinho tão especial, nos "céus" de Aruanda.

– Feliz, minha menina? – era Pai Firmino, preto velho conhecido de Julinha.

– Muito feliz, meu pai. Nunca imaginei encontrar meu cãozinho amado. Sinto muito sua falta.

– Fique tranquila, filha, em breve ele estará com você outra vez.

– Por que isso, Pai Firmino? Eu vou morrer logo?

– Eh...eh...eh, ninguém morre, filha. Nem ele morreu, apenas deixou sua matéria lá na terra e está aqui lambendo seu rosto, igualzinho como era quando estava na sua casa.

Julinha não entendeu, mas estava tão feliz com a companhia do animalzinho que preferiu aproveitar bem aqueles instantes e deixar para pensar depois.

Uma gira em Aruanda

Depois de algum tempo, o grupo foi convidado a prosseguir a visitação, que mais parecia uma grande festa a que foram convidados. Adentraram um ambiente bem rústico de aparência, por se parecer com uma choupana de madeira coberta de palha da costa, mas de uma organização e beleza invejável. A exclamação foi geral:

– Que maravilha! Um terreiro!

Tudo lá estava organizado como se fosse mesmo um terreiro de umbanda, mas de forma estrutural e energética muito além do que se possa conceber no plano material terreno. O congá irradiava tamanha luz que iluminava todo o ambiente e também fora dele. Porém não era uma luz comum como a luz elétrica ou a luz de velas, mas explodia de cada elemento que nele existia com uma intensidade ímpar. Como num terreiro comum, haviam também pessoas na assistência aguardando atendimento e isso atiçou a curiosidade de Juliano:

– Pai Tião, vai haver uma gira aqui? E essas pessoas, quem são?

– Bom menino, vai haver uma gira, sim. Qual é a melhor maneira de receber convidados na umbanda, senão com uma gira? – falou sorrindo a entidade. Esses espíritos que aqui estão aguardando são todos irmãos encarnados em desdobramento no sono, que vieram "complementar" algum atendimento recebido nos terreiros do plano físico. Observem que todos eles têm seus cordões[1] ligados ao corpo espiritual, o que os identifica como encarnados. Vejam que alguns estão acompanhados por entidades protetoras ou guardiãs, porque ainda não tem autonomia consciencial para adentrar nos portais de Aruanda, mesmo que seja para tratamento. Outros, porém, já tem acesso livre e não vêm aqui receber tratamento, mas auxiliar, doando seus fluidos benéficos. Geralmente estes são médiuns trabalhadores dos terreiros a que se filiam.

– Que maravilha! E eles vão se lembrar disso quando acordarem? Eu nunca "sonhei" com um lugar destes.

– Na maioria das vezes não lembram, justamente porque não estão preparados energeticamente para tal, ou seja, ao se reacoplarem no corpo físico, as impressões vividas no plano espiritual se apagam, por falta de sutileza em seus corpos internos, que as impedem de chegar até o cérebro físico. Alguns têm pequenos flashes de memória nas primeiras horas da manhã e os têm como "um sonho bonito" ou apenas como boas sensações.

Um assovio ecoou no ambiente e, enfileirados, entravam agora as entidades que fariam a gira acontecer. Um espetáculo a parte, pois diferente do plano terreno onde os médiuns buscam as incorporações com seus guias espirituais, ali eram os próprios guias que faziam a gira.

Uma entidade alta, máscula, com uma espécie de cocar na cabeça – que nada mais era do que a emanação de sua coroa iluminada – liderava o grupo. Quando ele pisou na entrada, tambores ecoaram e junto, vozes maravilhosas saudavam:

Ele vem de Aruanda
Trabalhar nesse Congá
Saravá Seu Pena Branca
O guerreiro de Oxalá

Todos, extasiados, acompanhavam passo a passo o desenrolar daquela festa em Aruanda, onde o amor era possível ser

1 Nota do revisor – Cordão prateado, como tradicionalmente se denomina, é o laço fluídico fundamental que liga o espírito ao corpo físico. Elástico, permite que o espírito, desdobrado, se desloque a grandes distâncias, permanecendo como seu elo de ligação com a matéria. Identifica, assim, os encarnados em projeção astral.

sentido no mais alto grau. Os guias da linha de caboclos, atuando diretamente nos corpos espirituais dos espíritos necessitados que lá buscavam ajuda, manipulando as energias de forma visível a eles, era algo inédito.

Terminado esse primeiro atendimento, uma pausa e os espíritos que formavam até então a assistência eram agora novamente reconduzidos de volta aos seus corpos físicos, enquanto novo grupo de encarnados, também em desdobramento, se acomodava no local.

Ao reiniciar, eram os pretos velhos que fariam a gira e os tambores saudaram Vovó Maria Conga, que trazia consigo a linha das Almas para trabalhar os filhos da Terra, nas paragens de Aruanda.

> Conga, Vó Maria Conga
> Que saudade de você
> Conga, Vó Maria Conga
> Estou chamando por você
> Preta Velha feiticeira,
> Rainha do Cateretê.

Da mesma forma branda que chegam quando incorporam em seus médiuns, com seu sassarico e alegria, eles sentaram em seus banquinhos e ali atendiam um a um dos necessitados. A mandinga, a benzedura, a conversa amável. Tudo igual, não fosse ali a energia se tornar visível, o que fazia dessas coisas simples um espetáculo de luzes, cores e sons. A magia não acontecia nos "bastidores" ou seja, no outro plano, como nos terreiros da matéria, mas os elementos eram transmutados, as polaridades invertidas e os desmanches realizados ali mesmo e perfeitamente visíveis diante dos olhos arregalados dos meninos.

Nesse mundo, o elemento éter[2] era considerado e nele, pela

2 O quinto elemento, o éter, também chamado de quinta-essência ou quintessência, presente no cosmo. Pela teoria científica, o éter seria o meio de propagação da luz, assim como o ar é o meio de propagação do som.
Refletindo o Universo, nosso corpo também é composto por cinco elementos básicos. Os espaços dentro dele são manifestações do elemento éter: espaços no nariz, na boca, no trato digestivo e no trato respiratório, no abdome, no tórax, nos vasos sanguíneos, nos tecidos e nas células. O elemento ar é o elemento do movimento. Tudo que se movimenta no corpo, músculos, pulmões, células, impulsos nervosos, é governado pelo ar corporal. Na natureza, o Sol é a fonte do fogo e da luz. No ser humano, o elemento fogo é produzido pelo metabolismo. Manisfesta-se na temperatura do corpo, na digestão, na inteligência e na visão. O elemento

sutileza natural, principalmente a luz era tão visível em seus raios e ondulações, que parecia palpável. O som extraído dos instrumentos de percussão preenchia o ambiente e de forma intensa era possível não só senti-lo, como também vê-lo quando do atrito das mãos com o tambor. Essa era a magia maior que, mesmo antes da atuação dos guias, já conseguia dissipar a energia mais densa trazida pelos doentes que, embalados pelo som, afrouxavam suas emoções, desarmando-se e facilitando o acesso do tratamento realizado pelas entidades.

Alguns médiuns encarnados ali presentes em desdobramento ficavam resguardados em local especial, acomodados sobre confortáveis poltronas e de forma consciente serviam de instrumentos para alguns procedimentos necessários, quando solicitados pelos guias espirituais.

Algumas entidades se deslocavam rumo à crosta, à casa de médiuns que dormiam em seus leitos, para recolher dos mesmos o ectoplasma, o qual era extraído de forma equilibrada, para aproveitamento nos tratamentos realizados em Aruanda. A energia animal característica nos seres encarnados que fluía das narinas, boca e ouvidos, de coloração esbranquiçada semelhante a fumaça, porém mais condensada, era acondicionada em tubos de ensaio. Depois de colhida era armazenada em ambiente propício para futuro aproveitamento, pois exigiria algum tratamento, bem como a suplementação de fitoterápicos de plantas terrestres que geralmente eram adicionados, de acordo com a necessidade.

– Esses médiuns não se desgastam demais doando tanta energia? Imagino que acordem muito cansados! – perguntou André.

– Existe um desgaste normal, mas nada que possa prejudicar o médium. Geralmente depois disso ele é incentivado a visitar algum reino da natureza, além de que o próprio sono do corpo físico repõe energias. O processo realizado pelos técnicos do astral superior o é dentro de um perfeito equilíbrio e nunca se retira além do que é possível, ao contrário das entidades do astral inferior.

água é considerado tão importante que no corpo é chamado de Água da Vida; é fundamental para o pleno funcionamento de órgãos e tecidos. Manifesta-se nos sucos digestivos, nas secreções das glândulas, no sangue. Do elemento terra derivam todas as substâncias sólidas como a pele, cabelos, unhas, dentes, ossos, músculos e tendões.O ser humano, porém, não é apenas produto da combinação destes cinco elementos, ele possui o Eu imaterial. (Teoria dos Pancha Mahabuthas)

– As entidades do astral inferior também usam nosso ectoplasma?

– O ectoplasma é energia bastante disputada do lado espiritual. No lado do bem, utilizamos para cura e outros fins, visando sempre a auxiliar. Porém as entidades que por ora escolheram o negativo do planeta, precisam dele por uma questão de sobrevivência, já que os mantém com a impressão de materialidade. Mas é claro que eles, quando podem sugar essa energia, o fazem de forma ostensiva e sem critérios, prejudicando o doador, que acordará extremamente debilitado em suas forças.

– E como isso é permitido? Não temos nossas proteções?

– ***Tudo é permitido, embora nem tudo seja lícito.*** Não podemos interferir nas escolhas de cada ser humano, embora proteção não falte a ninguém. Proteção que é conquistada individualmente por cada um, de acordo com a vida que leva, o que consequentemente adensa ou sutiliza suas energias. E tenham absoluta certeza de que o tipo de energia que nossos irmãos menos esclarecidos preferem é aquela bem densa.

As pessoas que costumam levar para a cama sua irritação, mágoa, raiva e outros sentimentos menos nobres, como também, em vez de um relaxamento pré-sono, uma boa leitura ou uma oração, preferem ficar enchendo seu cérebro de imagens moral e energeticamente censuráveis, com certeza essas "formas pensamento" criarão seus fantasmas, com os quais terão que conviver durante o sono.

No encerramento, todas aquelas entidades se ajoelharam no chão, agradecidas a Oxalá pela oportunidade de praticar a caridade em Seu nome. Nesse momento um fenômeno que transcendeu o entendimento dos visitantes aconteceu diante de seus olhos. No chão, em frente ao congá, formou-se em fogo o desenho de uma estrela de seis pontas e dentro dela materializou-se em corpo astral uma entidade com tanta luz, que tornou-se impossível definir seus traços. Irradiava extensos raios prateados, principalmente da parte superior do corpo, os quais transcendiam o ambiente e magnetizavam de tal forma a tudo e todos, que os levava a um quase torpor. Levantou as mãos, que mais pareciam asas, e abençoou-os, enchendo o ambiente com melodiosa voz.

Estáticos e prostrados, os visitantes de Aruanda choravam de emoção e alegria, sem perceber que da mesma forma que apareceu, a entidade se foi. Os pretos velhos, seus anfitriões, bondosamente os acolheram num caloroso abraço, tirando-os do enlevo.

– Venham, meninos, agora vamos conhecer outros locais de Aruanda – os convidava Pai Ambrósio com um largo sorriso no rosto.

A lua que bailava nos céus de Aruanda iluminava o caminho por onde seguiam, conversando animadamente. Visitaram escolas, onde mestres e alunos estudavam. E lá estavam tanto espíritos desencarnados quanto encarnados em desdobramento sonambúlico, congregados na missão de aprender para repassar e evoluir. Conheceram os setores administrativos e funcionais e se encantaram com a organização de tudo, principalmente com a tecnologia muito além da existente no plano físico da Terra. Passaram por casas de saúde onde presenciaram o laborioso trabalho de médicos, enfermeiros e terapeutas empenhados em melhorar o quesito saúde, em sua íntegra. Laboratórios onde a ciência era usada de forma holística e cada elemento analisado e aproveitado somente em favor da vida. Áreas de lazer onde a natureza era preservada e os visitantes podiam desfrutar da beleza e do perfume de flores, saciar a fome com saborosas frutas colhidas das árvores e matar a sede em fontes de águas límpidas.

– E ainda há quem tenha receio de morrer! – exclamava Julinha, entusiasmada com Aruanda.

– Ah, minha filha, mas tem gente que deve mesmo temer a morte, pois sabe que não terá merecimento imediato para ser recebido em Aruanda ou colônias assemelhadas. E como vocês presenciaram, existem outros lugares nada desejados para o espírito estagiar – esclareceu Pai Ambrósio.

– É verdade, meu Pai. Mas eu juro que vou me empenhar em melhorar, pois quero passaporte para Aruanda quando deixar minha matéria. Aqui é o "céu"!

Todos riram de Julinha e de sua espontaneidade.

Juliano, na sua natural curiosidade, não pôde deixar passar o momento para esclarecer algo que o impressionara naquele lugar maravilhoso:

– Pai Ambrósio, de onde vem a energia "elétrica" utilizada aqui?

– Menino, a energia utilizada em toda a colônia de Aruanda, diferente do plano terreno, é resultado da captação e armazenamento da energia solar e eólica. Em posterior vinda de vosso grupo, agendaremos uma visita às usinas de captação, onde poderão se inteirar de toda a tecnologia existente. Aqui, os espíritos aprendem e fazem bom uso de tudo o que o cosmo nos disponibiliza. Não há extravagâncias nem abusos e tudo é reutilizado. E o mais importante: sem poluição!

– Contando ninguém acredita! Exclamava Julinha novamente. Quando a gente fala em Aruanda, as pessoas imaginam um mundo onde só tem senzala e ex-escravo desencarnado, esperando a hora de ser chamado numa gira de umbanda para fazer sua caridade.

– Então, filha, veja que oportunidade de esclarecimento o Criador está lhes ofertando. Afinal, não é esse o objetivo do projeto – esclarecer aos umbandistas sobre o que ainda lhes é invisível, dentro da sua religião? Assim como preto velho necessariamente não é ex-escravo, não tem que ser preto, nem velho e muito menos um espírito atrasado que fala incorreto, onde eles vivem no mundo astral também não um lugar pré-histórico. Pelo contrário, sendo uma colônia espiritual situada acima da crosta terrena, em faixa vibratória superior, logicamente haverá de ter uma tecnologia também superior à que os homens encarnados conhecem como mais avançada.

Não podemos esquecer que os grandes engenheiros bem como os cientistas renomados que são reconhecidos na terra, levaram consigo o aprendizado adquirido no mundo astral pré--reencarne. Mesmo nas limitadas condições que oferece o planeta, o avanço tecnológico se dá a passos largos nos últimos séculos. De acordo com as possibilidades e necessidades, de quando em quando reencarnam mentes brilhantes com missões e projetos elaborados nos mundos superiores para impulsionar o progresso do vosso mundo. Embora e infelizmente nem sempre os homens utilizem esses inventos e descobertas somente para o bem, ainda assim o objetivo é este.

Muito bem, meus amados irmãozinhos! Está tudo muito bom e bonito, mas o dever nos chama e para quem ainda não adquiriu direito ao passaporte de Aruanda, é preciso retornar ao plano Terra. Foi maravilhoso conviver com todos, agradecemos a visita e nos veremos nas giras de algum terreiro, qualquer dia desses.

Mais abraços calorosos e mesmo sem nenhuma vontade, era preciso retornar.

Onibeijada

– Menino, você não teve infância?

Juliano ouviu muitas vezes essa frase naquele dia, no seu trabalho. Desde cedo ele chegou inspirado. Brincando com todos e sorrindo muito, fechou o dia chupando um pirulito e ainda posando para fotos e fazendo caretas.

Ao chegar em casa, sua mãe da mesma forma estranhou suas peraltices e sorriso fácil. Quando foi tomar banho, cantou a plenos pulmões:

> Cosme e Damião
> a sua casa cheira
> Cheira a cravo, cheira a rosa
> e a botão de laranjeira.

Juliano estava na vibração de Ibeijada, a linha das crianças na umbanda, por isso a sua alegria e descontração naquele dia, preparação necessária para o desdobramento da noite.

Assim que adormeceu, ouviu no ambiente astral de seu quarto um burburinho misturado a risadas de crianças, para logo a seguir visualizar dois espíritos em forma infantil que o saudaram, felizes:

– Oi, tio. Vamos passear? Veja que noite linda!

O encontro com o grupo se deu no ambiente astral de um jardim maravilhoso, onde as flores de todos os matizes e perfumes desabrochavam, enchendo o ar de uma energia maravilhosa.

Além deles, alguns guias espirituais responsáveis pelo projeto e muitas crianças que, como havia acontecido com Juliano, teriam buscado a cada um em seus leitos. Muita alegria, brincadeiras e deliciosas guloseimas, além de balões coloridos pendurados nas árvores, coroavam o encontro.

Zé do Côco, soprando forte um apito, chamou a atenção de todos que silenciaram:

– Vocês perceberam quem está faltando?

Todos se olharam e logo a resposta:

– Julinha!

– Isso mesmo. Acontece que amanhã é seu aniversário e por isso hoje nós vamos lhe dar uma linda festa surpresa com nossos amiguinhos Ibejis. Ela já deve estar chegando, então sugiro que se escondam atrás dos arbustos e assim que ela entrar no portão, sairemos cantando parabéns.

E assim fizeram. Julinha chorava, emocionada e muito feliz, abraçando a todos. Foi uma festa maravilhosa que terminou com todos sentados na relva, ouvindo Vovó Benta:

– Meus filhos, a alegria é uma bênção na vida dos homens que ainda vivem na face da Terra. Mas infelizmente também é um artigo em extinção, expressa de forma natural. Muitos fazem de conta que sorriem; fazem de conta que estão alegres; fazem de conta que são felizes... E fingem tanto que esquecem de procurar a alegria de verdade. Quando não suportam a tristeza, geralmente buscam subterfúgios como o álcool, os entorpecentes ou medicamentos. Passado o efeito, redobra a angústia.

Nas nossas andanças pelos terreiros de nossa pátria amada, escutamos tanta história triste dos filhos de fé! Triste pelo fato de vermos que as pessoas esqueceram que a felicidade está nas coisas simples e daí buscam desenfreadamente algo grandioso, inédito. Buscam fama, dinheiro, posição de destaque, beleza plástica. E deixam o coração ir se esvaziando; vão perdendo os valores que a traça não destrói.

Nosso Senhor Jesus Cristo enfatizava o valor das criancinhas, para mostrar que não podemos abandonar a pureza de que se revestem as crianças, não precisando fingir seus sentimentos.

Na umbanda, essa pureza e alegria espontânea é representada pela linha das crianças, que visitam os terreiros para levar isso aos irmãos de fé. Com suas brincadeiras, peraltices e sabedoria, afrouxam o emocional dos adultos, limpando-os das energias densas, dos ranços que carregam consigo. São espíritos sábios em forma infantil, que além de ajudar os nossos irmãos atendidos, educam e auxiliam os médiuns, fazendo com que se deparem com a criança interior que ainda reside dentro deles. E como toda criança precisa de limites e educação para não extrapolar, é hora de cada médium sentir a alegria, fazer as brincadeiras, mas longe de aproveitar o momento para deixar fluir sua criança teimosa, mal humorada e briguenta. Hora e vez de educá-la aproveitando a energia do Ibeji que o irradia, para aprender com o que ele repassa aos consulentes.

Antes de sentir-se fazendo a caridade, cada médium deveria saber que o "estar no terreiro", na corrente mediúnica é valorosa oportunidade de auto-educação. E quando não for dessa forma, de quase nada adianta sua passagem pelo local. Cada guia que se apresenta através de sua mediunidade fala através de sua boca, e sendo assim, é ele o primeiro a ouvi-lo também. Por que os conselhos e ensinamentos não lhe serviriam então? Todo médium é um doente em tratamento e o remédio se chama "exercício mediúnico".

De nada adianta vestir o branco da umbanda, fazer preceitos, oferendar e estar presente em todas as giras e muito menos bajular o sacerdote, se o coração do médium tem fuligens que o impedem de perdoar, de compreender, de se reformar intimamente. O branco é a cor e energia de Oxalá, nosso Orixá maior, e simboliza a pureza que o médium deve colocar primeiro no seu coração, mesmo que seja na forte intenção de se melhorar após cada gira de que participou.

O terreiro, meus filhos, por mais simples que possa parecer, é uma universidade. E quem frequenta não evolui pelo tempo e nem pelas posições alcançadas dentro dele, mas pelo que consegue transformar em seu íntimo. Lugar onde, independente dos títulos terrenos, cada aluno é sempre um iniciante, onde só o fator humildade vai habilita-lo a galgar a evolução almejada e prometida antes de reencarnar.

Levem daqui a alegria dessas crianças e a bênção dessa "nega veia" que, tal qual um Ibeji, está muito feliz com o resultado e o sucesso do projeto que abraçaram com amor e respeito.

Dando um caloroso e carinhoso abraço em cada um, despediu-se abençoando-os.

Naquela manhã Julinha acordou com o barulho da persiana que deixava a luz e o calor do sol da manhã baterem em seu rosto sonolento.

– Parabéns, minha filha. Feliz aniversário! – Falava sua mãe beijando-lhe o rosto.

– Tenho uma surpresinha! Levante o lençol que vou colocar um presente em seu braço.

O tufinho de pelos e o cheirinho eram inconfundíveis. Era um cãozinho ainda bebê.

– Meus Deus! Eu ganhei um cachorrinho! – gritava, feliz.

Então o cãozinho subiu em seu peito e lambeu seu rosto de uma forma inconfundível. Grossas lágrimas escorriam pelo rosto de Julinha, lembrando da promessa de Pai Firmino.

– Banzé, você voltou! Obrigada mamãe, nada poderia me deixar mais feliz.

Na cachoeira

Para alguns o despertador, para outros a claridade dos primeiros raios de sol iluminando o quarto, alertavam para o compromisso do dia. Estava marcado um rital na cachoeira, com o objetivo de equilibrar a energia dos médiuns, junto à natureza.

Aquele primeiro dia de verão no calendário terreno trazia o astro rei de forma suprema a brilhar no céu azul, por sobre a natureza e os homens na face da terra, prevendo o calor que aumentaria no decorrer das horas.

Primeiro a alegria do encontro matinal junto ao terreiro de umbanda, onde bateriam cabeça no congá pedindo licença aos seus guias para realizar aquele tão importante ritual junto à natureza, no sitio sagrado de Mamãe Oxum.

Em meia hora chegavam em caravana aos portões do local onde as águas doces desciam em queda por entre as pedreiras de Xangô, formando uma linda cachoeira espumante, cujo som já alcançava seus ouvidos, ali mesmo. O quadro natural pintado pelas mãos de Olorum superava qualquer obra humana. O cheiro do mato, a brisa fresquinha , o som da água em queda livre e os pássaros e borboletas voando livres por entre árvores e flores, finalizavam a encantadora obra divina.

Todos vestindo roupa branca, adequada para o momento, pés descalços e alegria estampada no rosto, demonstravam pressa em acalmar o calor embaixo das águas de Oxum, quando foram alertados pelo dirigente do grupo:

– Meus filhos, sabemos que precisamos respeitar os sítios sagrados dos orixás, por isso, em nome de Oxalá que nos possibilita estarmos aqui, vamos saudar a todos ainda na porteira, antes de invadirmos este local sagrado.

E assim procederam, saravando a cada orixá, ajoelhados no chão.

– Agora, em grupos de três, vamos nos equipar de luvas e sacolas plásticas para recolher o lixo aqui deixado pelos visitantes. Primeiramente limparemos a casa, para depois limparmos nossas energias e recebermos a bênção de Oxum.

Enquanto recolhiam os resíduos de alimentos, embalagens e resto de oferendas, Juliano veio até o dirigente para esclarecer uma dúvida:

– Pai, porque saudamos todos os orixás se estamos especificamente no reino de Oxum?

– Estamos na natureza, meu filho! E ela, na sua totalidade é o reino de todos os orixás, pois aqui estão presentes todos os elementos. Olhe para o céu e veja o sol que aquece a terra, representando o fogo. Estamos pisando na terra. A água corre por sobre as pedras. Os vegetais estão sendo balançados pelo vento.

No plano espiritual, Ogum e seus guardiões protegem este local. Oxóssi atua junto aos vegetais, possibilitando-nos um ar renovado. Xangô brada na firmeza das pedreiras. Desde o momento em que pisamos na terra, Omulu absorvia nossos excessos negativos e lá nas águas, as caboclinhas de Oxum nos aguardam para renovar nosso axé.[1] Águas que vão desembocar no mar de Iemanjá e que vieram das fontes de Nanã. E assim por diante! Tudo se interliga e se completa mostrando-nos que como a natureza, necessitamos uns dos outros para sermos inteiros.

Após o recolhimento do lixo, todos descartaram as luvas, lavaram as mãos e reuniram-se ao pé da cachoeira. O som do atabaque retumbou no ar e o ponto cantado de abertura, pedindo licença a Oxalá, foi o que abriu o ritual. Então o chamamento de Xangô retumbou nas pedreiras através das vozes e dos atabaques:

1 Axé = Ase, em yorubá, "energia", "poder", "força".

Ele bradou na aldeia, bradou na cachoeira em noite de luar
Do alto da pedreira vai fazer justiça pra nos ajudar
Ele bradou na aldeia, Kaô, Kaô
E aqui vai bradar, Kaô, Kaô
Ele é Xangô da Pedreira,
Ele nasceu na cachoeira, lá no Juremá.

A força do Orixá naquele sítio natural veio através de seu aparelho mediúnico que, trazendo o caboclo de Xangô, cortou mirongas e reequilibrou o axé dos filhos de fé.

A vibração de cada médium mudou instantaneamente ao iniciarem-se os pontos de Oxum. Uma leveza misturada a uma alegria inexplicável tomava conta de seus corações e mentes quando a caboclinha de Oxum incorporou no dirigente, sob as águas de Oxum que se derramavam do alto da cachoeira. Um a um foram recebendo as águas e bênçãos dessa mãe amorosa em suas coroas, naquele santuário sagrado.

Enquanto tudo isso acontecia no mundo físico, na contraparte astral da cachoeira também havia intenso movimento. Além da entidade que atuava junto ao dirigente e que resplandecia luz, que se irradiava de todos os seus centros de força formando uma intensa aura em tons de azul e rosa, havia muitas outras entidades auxiliando o trabalho. Cada médium que recebia o banho era envolvido num manto de luz dourada projetado das mãos de outras caboclinhas, como forma de proteção e manutenção da energia recebida. Seus coronários passavam a refletir uma luminosidade como se ali houvesse um cristal que ao brilho ao sol, resplandecia.

Aproveitando o momento e a exalação natural de alegria, contentamento e amor dos médiuns, outras entidades utilizavam tais energias para auxiliar necessitados do mundo espiritual. Caboclos e elementais, numa harmoniosa associação, atuavam em seus ambientes, aproveitando também o momento e os acontecimentos.

Se no mundo material as borboletas voavam felizes por entre as gotículas de água da cachoeira, no mundo energético elementais também divirtiam-se executando seu trabalho, num bailado colorido e esvoaçante.

Encerrado o ritual, os médiuns agradecidos ao templo sagrado da natureza que os havia recebido, bateram cabeça na pedreira saudando a Xangô e se despediram, cantando:

Adeus, adeus umbanda
Neste templo o trabalho terminou
Eu vou embora e vou com Oxalá
A este Templo abençoado
Eu vou voltar!

Encerramento

Finalizando este trabalho, em agradecimento à umbanda e a todos os seus guias espirituais, principalmente à Vovó Benta, faço minhas as palavras do jovem umbandista Rodrigo Queiroz, o qual respeito pela seriedade com que conduz o seu trabalho dentro de nossa religião:

> Eu sinto a umbanda, eu vibro a umbanda, eu amo a umbanda, desde o primeiro contato com ela, mas tenho que confessar: ela fica mais encantadora, colorida e brilhante a cada novo conhecimento que adquiro, pois vou percebendo o amor de Olorum, que criou uma religião onde Ele pudesse se manifestar sem véus, ainda que tentem cobri-lo com uma burca.
> Obrigado aos grandes baluartes da umbanda, que por serem estudados sempre contribuíram para uma umbanda estudada.
> Por isso digo que a umbanda não é a religião ideal, mas o ideal de religião!

Anexo

Grandiosidade e sacralidade da oferenda e dos pontos naturais

por Rodrigo Queiroz

Na prática da umbanda, a oferenda é um dos atos mais sagrados de conexão entre o fiel e a divindade. Toda religião tem sua prática ofertatória, quer seja uma fruta no Congá ou até uma nota de R$ 10,00 no envelope. Não importa, este é um ato de oferta, um ato de fé e cada religião tem a sua leitura própria de como deve ser esta prática.

Nas religiões naturais, de culto a Deus e divindades na natureza, no geral estas religiões têm como pratica a oferenda daquilo que vem da natureza, ou seja, flores, frutos, grãos e etc.

A umbanda é uma religião natural e por isso entende a natureza física como pontos de força, santuário natural, sítio sagrado ou mesmo casa dos orixás. Dentro dos variados tipos de cultos que compõem a religião, encontramos variadas formas de oferendas: para energização, para descarrego, para abertura de caminhos, para prosperidade, para amor e por aí vai. O fato é que oferenda está presente no dia a dia do umbandista. Já que é tão comum o ato ofertatório e principalmente por ser depositado na natureza ou nos pontos de força, como cachoeira, mato, bosque, mar, encruzilhada, fica a pergunta: O umbandista foi sendo preparado para ter consciência ambiental?

Nunca se falou tanto em meio ambiente, efeito estufa e caos planetário como nestes últimos anos. Todavia, se não fosse algo tão sério não se enfatizaria. Claro que podemos ajudar muito fazendo cada um a sua parte, como por exemplo, diminuir o tempo do banho, selecionar o lixo e diminuir o uso do carro.

Mas ainda é realmente preocupante o que fazem alguns umbandistas e demais religiosos quando entram na natureza para uma prática sagrada e acabam profanando o espaço sagrado. É isso mesmo, profanando! Você já observou a quantidade de lixo que fica no pé da árvore, na beira do rio ou na praia?

O conceito de oferenda é o ato religioso de interação do fiel com seu guia, Orixá e forças da natureza. Energeticamente, o prana das oferendas é usado em beneficio de quem oferenda ou pra quem se destina quando a oferenda é feita para terceiros. Magísticamente é a movimentação de energias e elementais em beneficio próprio ou de outrem. Isso é a síntese pratica de como funciona a oferenda. A umbanda, sendo o culto à natureza, usa em suas oferendas tudo o que é natural. Partindo deste pressuposto, fica claro que o conjunto geral da oferenda deve ser um ato salutar para todos os envolvidos: o fiel, a natureza e o Orixá.

Oferendar também é uma forma de presentear. Você gosta de receber presentes e eu também, porém no final a embalagem é jogada no lixo e ficamos com o que é usual. Portanto, sejamos práticos e objetivos: – O saquinho plástico não é oferenda; a garrafa não é oferenda; os descartáveis não são oferendas. O que é oferenda? As flores, frutos e comidas. Se a umbanda vê a natureza como sagrada, logo deve preservá-la. Todo cidadão precisa de uma consciência ecológica para o exercício da cidadania, mas com o umbandista a lógica vai mais além: Ecologia é preceito religioso.

O respeito com a diversidade ritualística que encontramos em nossa religião não pode ser confundido com tolerância aos abusos. Porem, antes de julgar precisamos orientar. Sabemos que existem muitos conceitos sobre oferendas, bem como diferentes posturas dos fiéis dentro dos campos sagrados. Certa vez nos falaram que tudo que entra na mata não pode sair, ou seja, aquelas dezenas de sacolinhas plásticas que serviram apenas de condutores materiais, teriam que permanecer por lá. Os copos plásticos, garrafas e bandejas de isopor também. A justificativa era de que não se pode tirar carrego da mata. Porém uma coisa é preciso definir: – ou aquele lugar é sagrado e como tal é benéfico, ou é profano e prejudicial. Pelo lado energético, pensemos no que pode atrair negatividades: – São as sacolinhas, que por sinal são isolantes, ou minha vibração mental e emocional?

Os antigos zeladores do culto de nação e vertentes afros, anteriores à umbanda, ensinavam que as oferendas deveriam ser depositadas sobre folhas de bananeira, chapéu-de-couro (erva) ou folhagens do Orixá ofertado. Isso é sabedoria natural, pois na época não existiam ainda campanhas ambientais. Mais que isso, eles ensinavam que para a natureza só vai o que ela oferta. Os elementos orgânicos se decompõem no solo e se transformam em adubo, quando não, as sementes brotam e uma nova vida nasce naquele ambiente. Contudo, hoje o que encontramos são garrafas estilhaçadas ao redor de árvores, panos nobres servindo de toalha para o"banquete divino" e muitos descartáveis que não oferecem nenhuma utilidade.

Além de cuidar do meio ambiente, precisamos zelar pela boa imagem da religião. Pois aqueles que não são adeptos, quando chegam em ambientes com estes "restos", criam uma imagem bastante distorcida do real significado das oferendas.

De forma geral os umbandistas utilizam-se de ambientes públicos e poucos tem acesso aos recintos privados. Portanto, todos nós podemos adotar atitudes simples que resultam em grande impacto:

1) Quando chegar no ponto de força da natureza e definir onde vai arriar sua oferenda, priorize forrar o chão com as folhagens do ambiente. Coloque os elementos e comidas sobre as folhas. Dispense pratos ou coisas do tipo. Sirva os líquidos em copos descartáveis. Acenda as velas e prepare tudo.

2) Não há resultado em oferendas feitas às pressas, por isso lembre-se que este é um ato sagrado e deve ser ministrado com dedicação. Então faça as preces, cantos e pedidos com tranquilidade. Normalmente, na natureza, em 30 a 40 minutos as velas já queimaram. Recolha as borras e coloque no lixo. Antes de sair, jogue o líquido dos copos ao redor da oferenda, descartando os copos no lixo. Faça o mesmo com garrafas e demais elementos. Certifique-se que ficará na natureza apenas material não poluente.

3) Não apóie velas no tronco das árvores, você pode matá-las. E lembre-se: Lixo no lixo – de preferência para ser reciclado.

Seguindo esse preceito deixaremos de agredir a natureza sem perder o ato sagrado.

Material	**Tempo de degradação**
Alguidar	Indeterminado
Louças (Ibás)	Indeterminado
Lata de alumínio	200 a 500 anos
Vidro	Indeterminado
Isopor	Indeterminado
Metal	100 anos
Garrafa pet	400 anos
Copo de plástico	50 anos
Bituca de cigarro	5 anos
Papel	3 a 6 meses
Pano	6 meses a 1 ano
Sacolas plásticas	100 anos
Tampinha de garrafa	150 anos
Palito de fósforo	6 meses

Causos de Umbanda

A psicologia dos pretos velhos

VOVÓ BENTA / LENI W. SAVISCKI

Objetivando desmistificar preconceitos referentes à umbanda, como também mostrar a simplicidade de que ela se reveste, vez ou outra a Espiritualidade desce ao plano terreno.

Desta vez, travestido de preta velha, e designando-se Vovó Benta, mais um trabalhador da luz nos relata, em seus escritos, casos corriqueiros de atendimentos realizados nos terreiros de umbanda deste Brasil a fora, traduzindo o alento que essas almas abnegadas nos trazem com sábios conselhos ou mandingas, sempre auxiliando na evolução dos filhos da Terra.

Ao mesmo tempo em que mostra a característica de diferentes locais onde se pratica a umbanda na sua diversidade, o espírito Vovó Benta retrata, nesta obra, que os seres humanos, independentemente de classe social, credo ou sexo, sofrem as mesmas dificuldades, e que o remédio reside no íntimo de cada um.

Nestes escritos, Vovó Benta procura mostrar que a psicologia dos pretos velhos está em ensinar a pescar, nunca em dar o peixe pronto. Sem soluções mágicas ou receitas prontas, eles procuram, por intermédio de seus sábios aconselhamentos, instigar a reforma íntima, condição primordial para a evolução de todos os seres pensantes do planeta.

Casos simples, contados de maneira simples, mas que alcançam o coração das pessoas. Essa é a maneira como costuma se manifestar Vovó Benta, que se denomina "mandingueira", mas que, na verdade, traz a sabedoria de que se revestem os sábios magos brancos pertencentes às correntes fraternas das bandas de Aruanda.

Causos de Umbanda - Vol. 2

Outras histórias

VOVÓ BENTA / LENI W. SAVISCKI

Depois do sucesso de *Causos de Umbanda*, primeiro volume, Vovó Benta abre nova janela para trazer a seus leitores a sabedoria milenar dos pretos velhos, a serviço da caridade pura que é o objetivo maior da umbanda.

Desfila nas páginas desta obra uma verdadeira amostragem dos sofrimentos e anseios da humanidade, sintetizados em quadros vívidos ambientados nos terreiros. São espelhos onde cada um poderá ver refletidas as indagações silenciosas de seu espírito, as dúvidas e inquietações da existência, que encontrarão resposta nos amorosos conselhos da sabedoria dos terreiros.

Mensageiros das mais altas hierarquias do mundo invisível, alguns deles disfarçados de humildes pretos velhos, descem ao plano terrestre para consolar, curar e desfazer magias, colocando as criaturas de volta no caminho da evolução. A sabedoria que transparece em suas intervenções deixa entrever os grandes magos e sublimes iniciados do amor que muitos deles são.

A face da verdadeira umbanda – mágica, mística, singela – reflete-se nesta obra, pronta a cativar novamente o espírito do leitor, como o dos milhares de entusiastas da primeira série de *causos*.

Umbanda um Novo Olhar

MARIA TEODORA RIBEIRO GUIMARÃES

Baseado no legado de Roger Feraudy, e a seu pedido, a intenção deste livro é lançar um novo modelo, um novo olhar sobre a Umbanda e sobre a Espiritualidade como um todo, desde seus conceitos básicos, passando pela caridade e indo até considerações mais sofisticadas sobre assuntos como: quem somos nós, de onde viemos e para onde vamos.

É mais que tempo de os homens da Terra, quase todos filhos das estrelas, voltarem seus olhos para a história divina de nosso planeta, que se mescla com a história da própria Umbanda, repleta de ensinamentos de entidades maravilhosas, de inimaginável evolução espiritual; voltarem seus olhos e, além de tentarem entender o que realmente se passa nesse mundo invisível, nos meandros dessa magia cósmica na qual estamos todos inseridos, imitarem os exemplos de bondade infinita, até que esses iluminados seres siderais possam voltar a nos guiar numa nova civilização.

É chegada a hora daqueles que têm compromisso cármico ativo com a magia, ou seja, os umbandistas, estudarem mais, não apenas para lidar com a magia sem ganhar um carma, mas também para que o paradigma da Umbanda passiva seja modificado; compreenderem as verdades ocultas, a fim de liberar a verdadeira Umbanda da miscigenação com outros cultos e rituais que a ela se enredaram, tornando-se então agentes do entendimento universal.

É chegada a hora de o homem comum aprender a fazer seus próprios milagres.

Umbanda, essa Desconhecida

Umbanda esotérica e cerimonial

ROGER FERAUDY

Umbanda, essa Desconhecida tornou-se, ao longo de duas décadas, uma obra básica de referência para os estudiosos da Umbanda, e retorna agora revista e ampliada.

O sábio mestre oriental Babajiananda (Pai Tomé) desvendou aqui, pela primeira vez, as desconhecidas origens ancestrais do culto AUM-PRAM, da velha Atlântida, e seu ressurgimento no Brasil, por determinação dos Dirigentes Planetários – fundado, em 1908, pelo Caboclo das Sete Encruzilhadas.

De forma clara e didática, são revistos conceitos fundamentais ainda pouco compreendidos da temática umbandista: que são, na verdade, os Orixás, e o que significam seus nomes originais? Como operam as Linhas de Umbanda? Quem são os seus médiuns? O que é um babá, um babalorixá? O que é magia? Afinal, o que são Exus? Qual é a estrutura oculta das falanges de Umbanda? Traz orientações sobre as práticas, como oferendas e despachos, pontos cantados e riscados, guias, banhos de ervas, a estruturação de um centro, criação de um gongá, obrigações, desenvolvimento e iniciações dos médiuns etc.

O extraordinário diferencial desta obra é a desmistificação dos pretensos "mistérios", das práticas descabidas e dos comportamentos mediúnicos e crenças inconsistentes, subproduto da desinformação.

Embasada nos milenares conhecimentos esotéricos, mas temperada pela simplicidade amorável dos terreiros, dela surge uma Umbanda luminosa, baluarte da Espiritualidade Maior planetária.

Roger Feraudy, consagrado autor de uma dezena de obras de sucesso — mais de 50 anos de prática umbandista — é uma das vozes mais abalizadas do Movimento de Umbanda no Brasil.

Fisiologia da Alma

RAMATÍS / HERCÍLIO MES

Nesta obra, Ramatis desvenda o mecanismo oculto que desencadeia, a partir dos corpos sutis do ser humano, as enfermidades do corpo físico. A origem e causa das moléstias, detida pelo conhecimento iniciático milenar, é transposta em linguagem clara e acessível, que abre extraordinários horizontes de compreensão do binômio saúde-enfermidade.

A etiologia, raízes cármicas, tratamento e cura do câncer são analisados desde sua verdadeira origem no "mundo oculto" das causas e em suas relações com a extinta Atlântida.

Analisando a homeopatia, Ramatís elucida o verdadeiro processo de atuação das doses infinitesimais, a amplitude de sua atuação nos corpos sutis e na raiz dos processos patológicos, suas infinitas possibilidades terapêuticas ainda não inteiramente exploradas, e as condições requeridas para o êxito integral do tratamento homeopático.

O capítulo "A Alimentação Carnívora e o Vegetarianismo" já se tornou um clássico sobre o tema, havendo desencadeado uma nova visão e postura comportamental em milhares de leitores, que assim se preparam para credenciar-se à cidadania terráquea do Terceiro Milênio.

A atuação do álcool e do fumo, como agentes patogênicos nos corpos energéticos e físicos, é analisada por Ramatís sob a ótica do mundo oculto, incluindo as conseqüências que se seguem à morte física, e o processo simbiótico dos "canecos vivos".

NATUREZA - ONDE REINAM OS ORIXÁS
foi confeccionado em impressão digital, em maio de 2024
Conhecimento Editorial Ltda
(19) 3451-5440 — conhecimento@edconhecimento.com.br
Impresso em Luxcream 80g – StoraEnso